Lamya Kaddor
ZUM TÖTEN BEREIT

Lamya Kaddor

ZUM TÖTEN
BEREIT

Warum deutsche Jugendliche
in den Dschihad ziehen

Piper München Berlin Zürich

Mehr über unsere Autoren und Bücher:
www.piper.de

ISBN 978-3-492-05703-5
© Lamya Kaddor 2015
© Piper Verlag GmbH, München/Berlin 2015
Gesetzt aus der Swift EF
Satz: Kösel Media GmbH, Krugzell
Druck und Bindung: CPI books GmbH, Leck
Printed in Germany

Es gibt keine Zufälle

Inhalt

Vorwort	9
1 Ist Salafismus in Deutschland gefährlich?	13
2 Dinslaken-Lohberg – wie wird ein Stadtteil zur »Hochburg« der Salafisten?	24
Die Anfänge der Lohberger Brigade	35
3 Warum sind Jugendliche dafür anfällig mitzumachen?	42
4 Wie werden Jugendliche verführt und radikalisiert?	58
Gruppenidentität	59
Isolation	71
Radikalisierung und Gewalt	78

5 Im Dschihad – angekommen? 94

Konvertiten und Rekruten 95
Die Rolle der Frau im Dschihad 107

6 Was kann die Gesellschaft tun? 112

Familie und soziales Umfeld 112
Prävention im Schulunterricht 119
Politik 128
Der Umgang mit potenziellen Kämpfern
und Rückkehrern 141
Öffentlicher Diskurs und die Medien 154

7 Was kann die muslimische Community tun? 171

Religionsvermittlung in den Moschee-
gemeinden 179
Muslime in Deutschland – Selbstbewusstsein
und Kritikfähigkeit 181
Plädoyer für mehr innerislamische
Auseinandersetzung 215

8 Schlussbemerkung 228

Anhang 235

Ein Missionierungsgespräch im Internet 237
Glossar 245
Kontaktadressen, Beratungs- und
Anlaufstellen 250

Vorwort

Dieses Buch wäre vermutlich nie entstanden, wenn ich nicht in mehrfacher Hinsicht betroffen wäre. Es geht um Syrien, es geht um Jugendliche in Deutschland, und es geht um den Islam. Zu allen drei Themen habe ich starke Bezüge.

Ich bin gläubige Muslimin und als Kind syrischer Eltern 1978 in Deutschland geboren. Ich bereiste Syrien beinahe jährlich. Seit fast vier Jahren ist mir das nicht mehr möglich. Dass es dort einmal zu solch einem Bürgerkrieg kommen würde und ich mich wegen dieses Teils meiner Identität und vor einem so katastrophalen Hintergrund erneut mit der Frage nach Heimat auseinandersetzen müsste, hätte ich nicht für möglich gehalten. Syrien war seit meiner Kindheit ein fester Bezugspunkt für mich. Syrien bedeutete für mich Familie, Fernweh, aber auch Fremdheit.

Als ich mich nach dem Abitur 1997 entschloss, Arabistik und Islamwissenschaft zu studieren, war das eine reine Bauch- und Sympathieentscheidung. Ich hätte nie daran gedacht, dass ich mit diesem Studium jemals etwas zum Zusammenleben der deutschen Gesellschaft beitragen könnte.

Im Jahr 2003 begann ich, im Stadtteil Dinslaken-Lohberg als Lehrerin für Islamkunde (seit 2014 als Lehrerin für Islamischen Religionsunterricht) zu arbeiten. Inzwischen muss ich in den letzten zwölf Jahren weit mehr als 1000 Schülerinnen und Schüler muslimischen Glaubens unterrichtet haben. Bereits zu Beginn meiner Tätigkeit stellte ich große soziale und emotionale Defizite bei meinen Schülern fest. Seit Jahren beschäftige ich mich mit der Problematik der sozialen und emotionalen Integration dieser muslimischen Jugend.

Im Frühjahr 2013 wurde ich dann von der Nachricht überrascht, dass eine Handvoll meiner ehemaligen Schüler in das Land meiner Eltern gereist war, um sich dort an den Aktionen der islamistischen Terrorgruppen zu beteiligen. In Deutschland waren sie von Salafisten angeworben worden. Sie hatten sich ihnen angeschlossen, weil sie bei ihnen das zu bekommen glaubten, was sie zuvor vergeblich suchten: Respekt, Orientierung und Zusammenhalt. Das Ganze traf mich wie ein Schlag. Ich begann, mich noch intensiver als früher mit den Fragen des Salafismus zu beschäftigen. In den Medien wurde und wird derweil vieles dazu geschrieben. Aber stimmt das auch? In seiner Titelgeschichte »Der Dschihad-Kult« vom 18. November 2014 skizziert der *Spiegel* beispielsweise zwei in Deutschland angeworbene Kämpfer wie folgt: »Es sind junge Männer wie David G. aus dem Allgäu, ein höflicher, ruhiger Junge, der eine Lehre machte und 18 war, als er Deutschland verließ, sich dem IS anschloss und getötet wurde im Gefecht. Männer wie Mustafa K. aus Dinslaken, der mit abgetrennten Köpfen in Syrien in die Kameras lächelt. Übergewicht, schlecht in der Schule, keine Chance bei Frauen, einer, der oft verprügelt wurde und zu viel trank und im Morgengrauen besoffen in der Dönerbude am Marktplatz saß.«

Ich schreibe dieses Buch nicht als ausgewiesene Salafismusexpertin. Da die Bewegung des Salafismus noch so jung ist, stehen Forscher, Behörden und Praktiker ohnehin erst am Anfang, wenn es darum geht, das Phänomen zu begreifen. Zum jetzigen Zeitpunkt kann also niemand allgemeinverbindliche Aussagen auf der Grundlage von wissenschaftlichen Daten treffen. Vieles basiert auf Beobachtungen und ersten Analysen. Wir müssen uns dem Problem noch viel weiter annähern. Denn wir können dem Salafismus in Deutschland erst dann gezielt und effektiv etwas entgegenstellen, wenn wir ihn richtig verstehen.

Ich schreibe dieses Buch, weil ich junge Menschen kennengelernt und zeitweise begleitet habe, die sich haben verführen lassen. Ich konnte mit Menschen sprechen, deren Kinder verschwunden sind. Ich habe mit Jungen wie Mädchen gesprochen, die in den selbst ausgerufenen Dschihad gezogen sind und wiederkamen oder hier dafür werben. Und ich kenne mich als Islamwissenschaftlerin mit jener Religion aus, die hier von Extremisten benutzt wird.

In diesem Buch möchte ich Fragen stellen und nach Antworten suchen. Lässt sich die Radikalisierung aufhalten? Wie? Mit welchen Menschenfängermethoden gewinnt der politische Salafismus unsere Kinder? Warum lassen sich muslimische wie nichtmuslimische Kinder im 21. Jahrhundert überhaupt auf eine alte, äußerst dogmatische Lehre ein? Gibt es Unterschiede zwischen deutschstämmigen Familien und Familien mit ausländischen Wurzeln? Das Buch gibt Einblicke in die Gedankenwelt von jungen Deutschen, die bereit sind, im Irak und in Syrien zu töten. Nur, wenn wir verstehen, was unsere Kinder antreibt, sind wir in der Lage, mögliche Präventionsmaßnahmen zu entwickeln. Ich möchte zeigen, dass wir alle dazu beitragen können und müssen, dass salafistische Menschenfänger weniger erfolgreich Jagd auf unsere Jugend machen können.

1

Ist Salafismus in Deutschland gefährlich?

Es gibt wenige Begriffe, die in unserer Gesellschaft so schnell Karriere gemacht haben, wie der des »Salafismus«. Das Wort war vor weniger als zehn Jahren gerade mal einer Handvoll Experten bekannt. In seiner heutigen Bedeutung bezeichnet es ein relativ neues Phänomen des Extremismus, das neben die schon länger bekannten Formen des Rechts- und des Linksextremismus getreten ist. Der Verfassungsschutz befasst sich seit 2006 mit dem Salafismus. Nur kurz davor hatte einer der bis heute prägenden Köpfe der Bewegung, Pierre Vogel, die Öffentlichkeit gesucht. Bereits damals sorgte er unter Jugendlichen mit öffentlichen Auftritten und Darstellungen im Internet für Aufsehen. Auch ich nehme das Phänomen seit etwa dieser Zeit bei meiner Arbeit verstärkt wahr.

Zunächst müssen wir kurz klären, was Salafismus überhaupt ist. Der religiöse Salafismus ist eine Strömung innerhalb des Islam. Im Islam gibt es verschiedene Glaubensrichtungen wie die der Sunniten und der Schiiten sowie liberale, konservative und fundamentalistische Hauptströmungen, die sich wiederum unterteilen lassen. Der Salafismus gehört zum sunnitischen Islam und ist ein Teil des fundamentalistischen Spektrums. Fundamentalisten geben vor, sich auf die Ursprünge der Religion zu konzentrieren. Sie wollen den Koran wortwörtlich verstehen. Damit ignorieren sie, dass die Zeit stetig fortschreitet und neue Erkenntnisse bringt. Fundamentalisten sind rigide, verweigern Kompromisse und wehren jegliche Kritik an ihren Auffassungen ab.

Der Salafismus selbst lässt sich ebenfalls unterteilen: in eine unpolitische Strömung, in der es den Anhängern nur darum geht, ihre religiösen Vorstellungen privat zu leben. Hier sprechen wir von puristischem Salafismus. Dann gibt es politische Salafisten, die gezielt die Gesellschaft und den Staat, in dem sie leben, durch Missionierung nach ihren Vorstellungen verändern wollen. Die dritte Gruppe schließlich setzt sich aus dschihadistischen Salafisten zusammen. Sie wollen auch die Gesellschaft verändern, das aber unter ausdrücklicher Einbeziehung von Gewaltanwendung. Die Bezeichnung »dschihadistisch« kommt vom arabischen Wort *dschihad*. Im Deutschen wird das zumeist mit »Heiliger Krieg« übersetzt, womit der bewaffnete Kampf für die Religion des Islam gemeint ist. Die Übersetzung ist unglücklich, weil sich die Vorstellung von »heilig«, wie man sie im Christentum kennt, so nicht einfach auf den Islam übertragen lässt.

Der Begründer der sunnitisch-hanafitischen Rechtsschule, Abu Hanifa (699–767), soll die Welt schon in der Frühzeit des Islam in *dār al-harb* (wörtl. »Haus des Kriegs«) und *dār al-islām* (»Haus des Islam«) eingeteilt haben. So werden Gebiete, in denen der Islam und damit die Scharia nicht als Gesetzesgrundlage praktiziert werden, als *dār al-harb* bezeichnet. Alle anderen Gebiete, in denen der Islam das Staatsgefüge bestimmt, nennt man *dār al-islām*. Etwas später wurde dann zur Aufweichung dieser Polarisierung auch noch die Kategorie des *dār al-'ahd* (»Haus des Vertrags«) eingeführt. Das sind Gebiete, in denen rechtliche Absprachen zwischen Muslimen und Nichtmuslimen getroffen wurden und somit ein befristeter Frieden gesichert wurde. Nach klassischer theologischer Vorstellung heißen die Kriege gegen die Menschen im Kriegsgebiet *dschihād*. Der Märtyrertod wird als *schahīd* bezeichnet.

Dschihad bedeutet aber zunächst schlicht »Anstrengung« oder »Bemühung«. Es gibt zwei Formen dieser Bemühung: Die wichtigere Bemühung liegt darin, täglich eine Art Selbstüberwindung und -läuterung durchzuführen. Das ist der *dschihād al-akbar,* der »größere Dschihad«. Der »kleinere Dschihad« *(dschihād al-asghar)* bezieht sich vor allem auf kriegerische Verteidigungskämpfe, aber auch auf Eroberungskämpfe. Diese theologischen Konzeptionen müssen im historischen Kontext betrachtet werden. Um beispielsweise einen kriegerischen Dschihad auszurufen, bedarf es eines religiösen Oberhaupts, dem alle Muslime auf der ganzen Welt loyal ergeben sind. Da dies seit dem Tod des Propheten Muhammad de facto nicht mehr der Fall ist, wird es nie einen Dschihad geben können, an dem sich alle Muslime geschlossen beteiligen würden. Auch das völkerrechtliche Verständnis von Kriegs- und Friedensgebiet ist damit im Grunde hinfällig, da es keinen von allen Muslimen anerkannten Kalifen mehr gibt.

Fakt aber ist heute: Die Idee des Dschihad wird ungeachtet dessen, in allen Nuancen seiner Bedeutung gelebt. Der kriegerische Dschihad ist de facto Realität, auch wenn er kaum noch etwas mit den klassischen religiösen Überlegungen zu tun hat, sondern vorwiegend auf dem brutalen weltlichen Machtstreben einiger selbsternannter Anführer beruht. Vor allem aus einer politischen Motivation heraus entsteht also der Wille, die ganze Welt den religiösen Überzeugungen der jeweils treibenden Kraft zu unterwerfen. Wie das zu geschehen hat – ob mit Gewalt oder ohne –, wird allerdings sehr unterschiedlich verstanden – auch bei den Salafisten. Ihnen gilt der Islam als die beste Religion, und sie sind davon überzeugt, dass ihre Religion für *alle* gelten muss. Allerdings gehen die Puristen unter ihnen nicht kämpferisch vor, sondern missionieren mit gewaltfreien Mitteln. Und selbst wenn auch das nicht unserer Toleranzvorstellung entsprechen mag, so stellen diejenigen keine direkte Bedrohung für uns dar.

Anders ist es mit jenen Salafisten in Deutschland, die als Prediger agieren und die politischen und gesellschaftlichen Strukturen verändern wollen, auch wenn sie nicht direkt zu Gewalt aufrufen, und natürlich mit solchen, die aktiv Werbung für den dschihadistischen

Salafismus machen. Letztere werden von Staat und Polizei verfolgt, inhaftiert oder gegebenenfalls abgeschoben. Was jemand in seinen eigenen vier Wänden glaubt, geht dagegen erst einmal niemanden etwas an. Und gegen öffentliche Prediger, die nicht zu Gewalt aufrufen, können die Sicherheitsbehörden eines demokratischen Rechtsstaats kaum vorgehen. Sie müssen von uns, der Zivilgesellschaft, mit den Mitteln der Aufklärung bekämpft werden. Denn brandgefährlich sind auch die politischen Salafisten, die sich friedlich geben. Es sind vor allem sie, die Jugendliche anlocken, mit der salafistischen Szene in Kontakt bringen und in das Gedankengut einführen. Wer dann erst einmal in der Szene ist, kommt auch leicht in Berührung mit dschihadistischen Salafisten.

Salafismus in Deutschland können wir auch nicht mit der Terrorgruppe »Islamischer Staat« gleichsetzen. Diese nutzt zwar den dschihadistischen Salafismus als ideologischen Rahmen für ihren Terror, aber nicht jeder Salafist schließt sich dieser Gruppe an, die im Irak und in Syrien mit schockierender bestialischer Gewalt eine Region besetzt und den Menschen dort ihre Schreckensherrschaft aufgezwungen hat. Früher schlossen sich kampfbereite deutsche Salafisten noch unterschiedlichen islamistischen Terrorgruppen in Syrien an, seit dem Aufstieg im Sommer 2014 und den militärischen Erfolgen üben die IS-Dschihadisten nun die größte Anziehungskraft auf gewaltbereite Salafisten in Deutschland aus. Sie haben das zuvor dominierende Terrornetzwerk al-Qaida in den Schatten gestellt.

Bis Ende 2014 waren nach Angaben der deutschen Behörden etwa 550 Menschen aus Deutschland ausgereist, um im Irak und in Syrien zu kämpfen. Etwa 60 starben dort. Knapp ein Drittel kam zurück und lebt nun wieder in Deutschland. Die Zahl der Salafisten bewegte sich nach Darstellung des Verfassungsschutzes zu diesem Zeitpunkt auf knapp 7000 Mitglieder zu. Die Zahl bezieht sich allerdings nur auf den harten Kern, Sympathisanten im Umfeld sind dabei nicht eingeschlossen. Es ist jedoch weniger die reine Zahl der Mitglieder, die die Szene so gefährlich macht. Das quantitative Bedrohungspotenzial im rechtsextremistischen Bereich ist deutlich größer. Auch die Linksextremisten können noch wesentlich mehr Menschen mobilisieren. Unter 4,5 Millionen Muslimen machen Salafisten in Deutschland nur einen verschwindend geringen Anteil aus, erst recht in Relation zu mehr als ca. 80 Millionen Deutschen. Das besonders Besorgniserregende am Salafismus ist seine Dynamik. Die Zahl der Mitglieder wächst rasant. Immer mehr Jugendliche schließen sich an. Die Zahlen haben sich in wenigen Jahren vervielfacht. Allerdings ist zu berücksichtigen, dass die Angaben über die Größe der Szene allein auf Erhebungen des Verfassungsschutzes und der deutschen Sicherheitsbehörden basieren, deren Finanzierung auch von der Einschätzung abhängt, wie brisant eine Szene gerade eingestuft wird. Unabhängige Zahlen gibt es bislang so gut wie keine. Die meisten Experten gehen jedoch davon aus, dass die gezeigten Tendenzen zutreffend sind.

Die meisten deutschen Muslime kritisieren den sogenannten »Islamischen Staat« vehement. Sie sind genauso entsetzt und verängstigt angesichts der Geschehnisse wie die meisten anderen Bürger auch. Die ganze islamische Welt leidet unter den aktuellen Entwicklungen. Sie leidet darunter, dass ihre Hoffnungen in die Revolutionen des Arabischen Frühlings enttäuscht wurden und diese teilweise in einer neuen Form von Extremismus gipfelten. Das betrifft in erster Linie die Menschen, die vor Ort der unmittelbaren Gefahr durch den IS ausgesetzt sind. Aber es betrifft auch diejenigen, die sich fernab der Krisenregion bedroht fühlen durch pauschale Anschuldigungen – als ob ihre Religion sie automatisch zu Sympathisanten der Salafisten machen würde.

Bei den Arabern spielt der Islam stets eine wichtige Rolle, aber lange Zeit traten sie allenfalls als konservative Gläubige auf. Die islamische Radikalisierung unter Arabern begann in dem Moment, als die politischen und ökonomischen Bedingungen in den arabischen Ländern sich verschlechterten beziehungsweise keine Verbesserungen brachten. Seit der Iranischen Revolution von 1979 setzten einzelne Gruppen verstärkt auf politische Ideologien, die sich auf den Islam berufen, weil ihnen das authentischer und erfolgversprechender erschien, als die importieren westlichen Ideen von Nationalismus, Kapitalismus, Sozialismus oder Kommunismus. Gerade jetzt, wo auch der Arabische Frühling eben nicht erreicht hat, was man sich erhofft hatte, wird der IS – jenseits der Gräueltaten, durch die er in erster Linie wahrgenommen wird – beispielsweise von den Verlierern aus den Reihen des hinweggefegten Regimes von Diktator Saddam Hussein im Irak auch als Chance zur Rückkehr an die Macht gesehen. Die einfache Bevölkerung arrangiert sich manchmal schon aus rein existenziellen Gründen: Der IS zahlt bereits einfachen Kämpfern mehrere hundert Dollar pro Monat. Das ist für Menschen in Syrien oder im Irak sehr viel Geld. Ihre Entscheidung, für den IS zu kämpfen, ist also längst nicht immer ideologisch, sondern oft sehr pragmatisch motiviert. Für einige geht es ums pure Überleben.

Mit den militärischen »Erfolgen« wuchs die Faszination für diese Terrorgruppe auch unter deutschen Salafisten. Das bedeutet freilich nicht, dass der IS nun über diese gezielt nach Deutschland greifen würde. Die konkrete Gefahr des Salafismus hierzulande zeigt sich zunächst auf subtile Art und Weise. Es geht zum Beispiel um unser Wertesystem, unser Freiheitsverständnis, das mit den Wertevorstellungen der Salafisten kollidiert. In Deutschland gilt die Freiheit jedes Individuums. Von den Salafisten wird Freiheit untergraben, vor allem die Freiheit von »Schwächeren«, Frauen oder Andersgläubigen, die als nicht gleichwertig gelten. Auch uns selbstverständlich erscheinende Werte wie die Meinungsfreiheit oder die Demonstrationsfreiheit werden untergraben oder missbraucht. Dass sich salafistische Wertevorstellungen auch in Deutschland ausbreiten, sehen wir auf offener Straße, wenn Jugendliche bei öffentlichen Veranstaltungen lautstark »allāhu akba« – »Gott ist groß« brüllen und sich unseren gesellschaftlichen Normen und Werten widersetzen. Oder wenn zur Aushebelung des deutschen Rechtsstaats die sogenannte »Scharia-Polizei« in Wuppertal patrouilliert. Immer wieder werden auch Materialien mit islamistischem Gedankengut auf deutschen Straßen verteilt.

Eine unmittelbare Gefahr geht von jenen aus, die in Syrien oder dem Irak bereits gekämpft haben und dann nach Deutschland zurückgekehrt sind. Von den 150 bis 180 Heimkehrern haben wohl mindestens 30 Kampferfahrung, wobei die Dunkelziffer vermutlich um einiges höher liegt. So gering ihre Zahl ist: Sie haben eine militärische oder paramilitärische Ausbildung erhalten, und man muss davon ausgehen, dass sie einer Art »Gehirnwäsche« unterzogen wurden, die mit der Rückkehr nach Deutschland nicht unbedingt ausgelöscht wird. Vielmehr: Diese zumeist jungen Menschen kennen radikales islamistisches Gedankengut aus eigener Erfahrung, sie haben ihre Gewaltbereitschaft bereits unmissverständlich unter Beweis gestellt und verfügen möglicherweise über Kenntnisse im Vorbereiten von Anschlägen. Und wir wissen nicht, welche Ziele sie hier verfolgen. Könnte man ihnen ihre Taten nachweisen oder wüsste man, dass sie in Deutschland Terrorplanungen anstrebten, hätte man sie längst festgenommen und angeklagt. Und nicht jeder kommt hasserfüllt aus Syrien und dem Irak zurück. Manche Rückkehrer haben der Ideologie abgeschworen. Sie haben sich abgewandt vom Dschihadismus, begreifen ihr Handeln als großen Fehler und wollen am liebsten durch nichts mehr an diese Episode ihres Lebens erinnert werden.

Allerdings kehren manche auch traumatisiert zurück. Vor allem aus dem Internet kennt man die Bilder von Jugendlichen, die an Enthauptungen beteiligt sind, die abgetrennte Köpfe in die Kameras halten, an Erschießungen teilnehmen. Und wenn sie nicht selbst aktiv mitmachen, so sehen sie zumindest zu oder bekommen Bilder und Videos dieser Gräueltaten gezeigt. Solche Erfahrungen wirken sich unweigerlich auf die Psyche oder die Persönlichkeit dieser jungen Menschen aus. Die Folgen sind nicht absehbar, bergen aber sicher Herausforderungen für unsere Gesellschaft. Hier stellen sich Fragen der psychologischen Betreuung und der Resozialisierung, um sie wieder in unsere Gesellschaft zurückzuführen.

Die Möglichkeit, diesem Gefahrenpotenzial ganz einfach durch eine Abschiebung entgegenzuwirken, erübrigt sich bei den meisten durch eine simple Tatsache: Diese Jugendlichen sind deutsche Staatsbürger. Ohne konkrete Veranlassung können wir sie auch nicht zeitlebens wegsperren, und schließlich wurden sie ja hier in unserem Land sozialisiert.

Was wir gerade erfahren, ist: Die Gefahr, die vom militanten Salafismus ausgeht, macht vor Landesgrenzen nicht halt. Langfristig wird es darum gehen, die Ursachen der Radikalisierung in der salafistischen Szene ausfindig zu machen und zu benennen, um dann Strategien dagegen zu entwickeln. Es wird nicht reichen, die Symptome zu bekämpfen. Die Rückkehrer sind definitiv ein Sicherheitsproblem, und es empfiehlt sich, sie im Auge zu behalten – ihr Verhalten, ihre Reintegration.

Doch während die Behörden diese Rückkehrer im Visier haben, geraten weit mehr Jugendliche in unserer Gesellschaft ins Visier der Salafisten – als potenzielle Rekruten. Wir müssen diese Jugendlichen schützen und schon früh genug gegen solche Übergriffe stärken – mit Aufklärung, mit langfristigen Programmen und Initiativen, in denen vor allen Dingen ihre Sozialkompetenz im Vordergrund steht. Wir müssen dafür sorgen, dass ihnen die Möglichkeit geboten wird, ein gesundes Islamverständnis zu bekommen. Hier kann beispielsweise der Islamische Religionsunterricht helfen. Wir müssen beginnen, Präventionsarbeit zu leisten, wenn wir verhindern wollen, dass auch unsere eigenen Kinder nach Syrien gehen, um zu töten – auch wenn diese in nicht muslimischen Familien aufwachsen, denn auch Nichtmuslime konvertieren zum Salafismus.

Die Frage dieses Kapitels kann ganz eindeutig beantwortet werden: Ja, der Salafismus in Deutschland und darüber hinaus ist gefährlich. Letztlich hat er das Ziel, moderne, muslimische wie nicht muslimische Gesellschaften, zu unterwandern. Diese Gefahr ist zwar wegen der geringen Größe der Gruppe derzeit noch nicht groß und eher theoretisch vorhanden, nimmt aber zu. Die Fakten sprechen für sich: Immer mehr junge Menschen ausländischer wie auch deutscher Herkunft wenden sich dem Salafismus zu, und auch wenn die deutsche Innen- und Sicherheitspolitik bereits versucht, diesem Phänomen etwas entgegenzusetzen, genügt das nicht. Wir alle, Muslime wie Nichtmuslime, müssen mehr tun, um unsere Gesellschaft zu schützen.

2

Dinslaken-Lohberg – wie wird ein Stadtteil zur »Hochburg« der Salafisten?

Dinslaken liegt am nordwestlichen Rand des Ruhrgebiets und hat fast 70 000 Einwohner. Bundesweit in den Fokus gerückt ist die Stadt erst in jüngster Zeit wegen ihres Stadtteils Lohberg. Dort hat sich nämlich eine Gruppe gebildet, die dem kleinen Ort international den Ruf einer Salafisten-Hochburg beschert hat. Das ist natürlich ein Blickwinkel, der weder dem Stadtteil noch seinen Einwohnern und den Menschen, die sich vor Ort aktiv um die sozialen Probleme kümmern, gerecht wird. Unter dem schlechten Ruf leiden die Lohberger verständlicherweise. Fakt aber ist, dass sich etwa 20 aus ihrer Mitte zu Dschihadisten entwickelt haben und von hier aus nach Syrien aufgebrochen sind, um für die vermeintliche Sache Gottes zu kämpfen.

Ich musste erleben, dass unter ihnen auch fünf meiner ehemaligen Schüler waren. Diese jungen Menschen hatten sich der sogenannten »Lohberger Brigade« angeschlossen. Als ich davon erfuhr, empfand ich es als eine persönliche Niederlage. Denn sie kämpften nicht nur im Land meiner Eltern, in dem zurzeit einer der schlimmsten Bürgerkriege dieser Welt wütet. Es sind auch fünf mir eigentlich gut bekannte und sympathische Menschen, die ich in gewissem Sinne verloren habe. Mir ist bewusst, dass ich sie wahrscheinlich nicht hätte aufhalten können, und dennoch stelle ich mir die Frage, ob ich es voraussehen oder irgendetwas hätte anders machen können. So begann für mich mit dieser Erfahrung eine Reise, die mich dazu führte, noch besser zu erkennen, wer diese Jugendlichen sind, wo sie herkommen und was sie dazu angetrieben hat, an der Seite brutaler Terroristen in den Kampf zu ziehen.

Das Positive vorweg: Immerhin vier meiner fünf Exschüler erkannten rechtzeitig, dass sie sich nicht auf den Weg zu Heldentaten begeben hatten, sondern im Begriff waren, einen Riesenfehler zu machen. Diese vier sind jedenfalls nach kurzer Zeit zurückgekehrt. Nur einer blieb dort und hielt am Irrglauben fest, für die Sache Gottes zu kämpfen.

Seit über einem Jahr vergeht beinahe kein Tag mehr, an dem nicht Journalisten durch die Straßen Lohbergs streifen oder versuchen, auf dem Marktplatz O-Töne von vermeintlich radikalen Jugendlichen einzufangen. Die Lohberger reagieren ihrerseits verstört bis genervt auf die fragenden Journalisten, die dem Phänomen »Pop-Dschihad« auf die Spur kommen wollen.

Lohberg ist eigentlich ein sehr beschaulicher Stadtteil von Dinslaken. Auf den ersten Blick wirkt er sehr harmonisch und friedlich. Viele eher ältere Menschen leben dort, viele davon sind die sogenannten »Gastarbeiter« der ersten Einwanderergeneration. In großer Zahl kamen sie in den Sechzigerjahren nach Deutschland, um hier Tätigkeiten zu übernehmen, die die Einheimischen nicht mehr ausüben wollten. In Dinslaken führte sie der Weg vor allem in die Steinkohlenflöze der mittlerweile stillgelegten Zeche Lohberg.

Die überwiegend bräunlichen Gebäude – viele davon unter Denkmalschutz – reihen sich dicht aneinander, sodass der Eindruck einer geschlossenen Siedlung entsteht, mit vielen verspielt gestalteten Häusern, die oft von kleinen Rundbögen geziert werden: eine ansprechende, einladende Architektur. Viel ist in Lohberg nicht los. An dem von Bäumen begrünten Marktplatz findet sich der deutsche Supermarkt neben dem türkischen Lebensmittelmarkt, dem türkischen Friseursalon und dem türkischen Schnellimbiss, der so heißt wie sein Besitzer. Dazwischen gibt es einen Schreibwarenladen mit Lottoannahmestelle und einige Meter weiter eine Sparkasse. Mitten auf dem Marktplatz steht ein für das Ruhrgebiet typischer Kiosk mit der wenig überraschenden Kundschaft, die hier ihr viertes oder fünftes »Feierabendbierchen« einnimmt. Sonst gibt es in Lohberg wenig zu sehen. Lohberg ist eine klassische Zechensiedlung, wie man sie fast in jeder Stadt im Ruhrgebiet findet.

Die Stilllegung des Verbundbergwerks Lohberg-Osterfeld vor einigen Jahren hat allerdings mit dafür gesorgt, dass dieser Stadtteil ökonomisch immer mehr abgehängt wurde. Einige Bewohner zogen auf der Suche nach neuer Arbeit weg. Bei manchen Verbliebenen konnte man nach der Zechenschließung den finanziellen Abstieg deutlich beobachten, und in der Schule erzählten die Jugendlichen davon, dass Papa oder Opa jetzt arbeitslos waren.

Selbstverständlich ist Lohberg auch von seinen vor allem aus der Türkei stammenden ehemaligen Gastarbeitern und deren Nachkommen geprägt. Es ist eigentlich alles sehr kleinbürgerlich, nur eben multikulti. Man sieht türkische neben deutschen Fahnen an den Häuserwänden. Gepflegte Vorgärten sind hier sowohl in herkunftsdeutscher als eben auch in neudeutscher Hand. Deutsch und Türkisch hört man gleich oft.

Die hiesige Hauptschule Glückauf, wo ich als Lehrerin zunächst anfing, wurde vor einigen Jahren ebenfalls geschlossen, weil es »schulpolitisch notwendig« wurde. In wenigen Jahren werden wohl alle Hauptschulen in Dinslaken diesem Schicksal folgen, weil unsere Schulpolitiker stärkere Chancengleichheit durch andere Schulkonzepte umsetzen wollen. Seit dem Schuljahr 2013/14 arbeite ich an einer Schule, die Ergebnis dieser Überlegungen ist: der Friedrich-Althoff-Schule. Als Sekundarschule ist sie in der Tat konzeptionell und pädagogisch besser aufgestellt. Die Kinder unterschiedlicher sozialer und ethnischer Herkunft können hier viel individueller und besser gefördert werden, ein sehr motiviertes, junges und buntes Lehrerkollegium arbeitet mit Unterstützung von Sonder- und Sozialpädagogen tagtäglich daran. Ein Bestandteil der Bemühungen um Förderung der Schüler ist auch hier das für Nordrhein-Westfalen noch sehr junge Angebot des Islamischen Religionsunterrichts.

Auch sonst hat in meinen Augen seit einiger Zeit ein gewisses Umdenken in der Stadt Dinslaken eingesetzt. Man nimmt die sozialen Herausforderungen engagierter an als früher und versucht, konstruktiver daran zu arbeiten. Für viele unserer jungen Schulabsolventen sind technische oder handwerkliche Berufe interessant. Einige streben einen Hochschulabschluss an. Die wenigsten der jungen Lohberger erreichen allerdings überhaupt die Hochschulreife. In Lohberg ist die Anzahl sozial schwächerer Einwohner sehr hoch – das gilt unabhängig von der nationalen Herkunft. Eine gehobene Mittelschicht ist deutlich unterrepräsentiert. Häufig mache ich die Erfahrung, dass diejenigen, die eine gute Ausbildung abgeschlossen haben oder denen es finanziell und wirtschaftlich besser geht, diesen Stadtteil verlassen, um ihren eigenen Kindern bessere (Bildungs-)Chancen zu bieten.

Das Zusammenleben der deutschstämmigen Bevölkerung und der türkischstämmigen Migranten-Community in Lohberg empfinde ich als ein friedliches »Nebeneinanderherleben«. Ich spreche ungern von »Parallelwelten«, wie es Politiker und manche Wissenschaftler wohl nennen würden. Man lebt hier einfach so weiter, wie man es seit vielen Jahren der Zuwanderung eben kennt. Jeder pflegt seine eigene Kultur, die allerdings vielfach und schon längst eine Art Mischkultur zwischen Deutsch und Türkisch darstellt. In mancherlei Hinsicht leben hier einfach alle das gleiche Leben: Alle sind betroffen von der Arbeitslosigkeit in diesem Stadtteil und haben Schwierigkeiten in Bezug auf Bildung und Aufstieg.

Besucher aus anderen Städten, aber auch Dinslakener, die es aus irgendwelchen Gründen in diesen Stadtteil verschlägt, sind häufig überrascht, dass Lohberg trotz allem seine schönen Seiten hat und vielleicht weniger heruntergekommen ist, als einem die eigenen Vorurteile über einen solchen »Problemstadtteil« suggerierten. Oft begegnet man der Vorstellung, dass dieser Ort hässlich sein müsse, dass überall Müll auf den Straßen liege, dass dort »nur Ausländer« lebten und es nicht mehr möglich sei, »die deutsche Kultur« zu sehen. Aus Sicht mancher Dinslakener ist das Leben in Lohberg vor allem von »Kriminellen« geprägt. Dieses Vorurteil, das immer wieder bemüht wird, schürt Ängste in und rund um Dinslaken.

Sehr viele waren aber noch nie in ihrem Leben in Lohberg. Jüngst erzählte mir eine Journalistin, die nach Dinslaken, ihre Heimatstadt, gekommen war, um mich zu interviewen, dass sie erst von Dinslaken wegziehen musste, um zu erkennen, dass sie diese Stadt nie ganz kennengelernt hat. In dem Interview, das sie für die Frauenzeitschrift *Missy Magazine* führte, schreibt sie: »Wenn ich in meine Kindheit und Jugend zurückblicke, denke ich, das Problem ist, dass ich beispielsweise gar keine Muslime kannte. In der Grundschule gab es vier Mädchen mit türkischen Namen. Wir haben nicht mit ihnen gespielt und fanden sie seltsam. Die Kinder kamen auch nicht aus der Nachbarschaft, sondern lebten in Lohberg, wo ›alle Türken wohnen‹. Da gingen wir nicht hin, der Stadtteil hat einen schlechten Ruf, er liegt etwas außerhalb und ein bisschen abgeschottet vom Rest der Stadt. Mein Opa hat dort zwar gearbeitet, aber meine Großeltern wohnten schon im besseren Stadtteil Hiesfeld. In meinem ganzen Jahrgang am Gymnasium gab es dann kein Kind mit türkischem Migrationshintergrund mehr. Die ersten traf ich, als ich während der Oberstufenzeit anfing, bei McDonald's zu jobben. Da waren meine Kollegen die ganzen türkischen Jungs aus Lohberg. Die waren total nett und lustig, das hat mich erstaunt.«

Eine andere Dinslakener Journalistin arbeitet für eine große Tageszeitung in Berlin und besuchte mich ebenfalls in ihrer alten Heimatstadt, um dem Phänomen der Radikalisierung deutscher Jugendlicher auf die Spur zu kommen. Auch sie beichtete mir, dass sie von Lohberg immer nur gehört habe, es sie aber nie dorthin gezogen habe. Aber jetzt, wo alle über die Lohberger berichteten, wolle sie sich ein eigenes Bild machen – und: »Lohberg ist ja gar nicht so schlimm!« Eines der größeren Probleme Lohbergs scheint also nicht zuletzt sein schlechtes Image zu sein – und, damit einhergehend, natürlich eine gewisse Stigmatisierung der Menschen, die dort wohnen.

Natürlich spielt die Frage der Kriminalität in Lohberg eine größere Rolle als anderswo in Dinslaken. Leider stecken in manchen Vorurteilen eben oft ein paar Körnchen Wahrheit. Schon Schüler der siebten Klasse sind gelegentlich in kriminelle Machenschaften verwickelt. In der zehnten Klasse gibt es immer wieder welche, die bereits Vorstrafen haben oder in Jugendarrest saßen. Ich erinnere mich an den sehr extremen Fall eines Schülers vor einigen Jahren, der mehr als ein Dutzend Vorstrafen hatte: unter anderem wegen Körperverletzung, Diebstahl, Raubüberfall, Verstoß gegen das Betäubungsmittelgesetz. Wenn ihm etwas gegen den Strich ging, schlug er zu. Wenn er etwas benötigte, griff er zu. Und doch konnte er in der Schule ein netter, lustiger Kerl sein.

Wer diese Jugendlichen näher kennenlernt, erfährt, dass sie gravierende, oft existenzielle Probleme haben. Diese können sich schon früh in ihrem alltäglichen Verhalten äußern – lange bevor sie das erste mal richtig zuschlagen. Das kann mangelnder Respekt gegenüber einer Lehrperson sein – wobei es da Lehrerinnen deutlich schlechter ergeht als ihren männlichen Kollegen –, es kann Alkohol- oder Drogenmissbrauch sein, und es können sich Disziplinprobleme häufen: zu spät kommen, keine Hausaufgaben machen, permanent den Unterricht stören etc. Die Einsicht, wie wichtig und wertvoll Bildung ist, scheint bei diesen Schülern allenfalls ansatzweise vorhanden zu sein. In der Realität Lohbergs treten solche Probleme bei deutschstämmigen genauso wie bei anderen Jugendlichen auf. Wir reden hier also nicht allein über Probleme der Migranten-Community. Ein gemeinsamer Nenner sind eher die sozioökonomischen Bedingungen all dieser Schülerinnen und Schüler in Lohberg.

Auf dem Lohberger Marktplatz bietet sich nachmittags ein Bild, das viele Kleinstädter kennen: Jugendliche kommen zusammen und lungern herum. Andere suchen nach der Schule einige der nahe gelegenen Jugendheime auf. Um noch mehr Jugendliche mit ansprechenden Angeboten von der Straße beziehungsweise vom Marktplatz wegzulocken, fehlt jedoch meist das Geld. Manchmal hat es auch etwas mit Überforderung der Mitarbeiter in diesen Einrichtungen zu tun.

Nach wie vor haben Sozialarbeiter zu geringe Kenntnisse über die kulturellen und religiösen Prägungen der verschiedenen Jugendlichen. Ich fordere schon seit Langem, dass angehende Sozialarbeiter bereits während ihres Studiums in interkulturellen Fragen besser ausgebildet werden müssen. Seit gut zwei Jahren leiste ich selbst einen Beitrag zur Umsetzung. Die Fachhochschule Münster fragte an, ob ich für den Studiengang »Soziale Arbeit« Seminare zum Thema Migration und muslimisches Leben in Deutschland halten wolle. Von solchen Seminarangeboten sollte es bundesweit noch viel mehr geben. Bleibt zu hoffen, dass dies in absehbarer Zeit geschieht.

Unter den Lohbergern mit Zuwanderungsgeschichte ist die soziale Kontrolle relativ hoch. Das erklärt sich dadurch, dass sich die meisten Familien schon seit Jahrzehnten kennen. Die Muslime unter ihnen pflegen überwiegend ein konservatives Islam- und Geschlechterverständnis. Ob Tradition oder Religion – die wenigsten können das noch auseinanderhalten, für sie spielt es in vielen Situationen auch keine Rolle, ob es sich um das eine oder das andere handelt. Wichtig ist zum Beispiel, dass Mädchen und Jungen früh und »gut« verheiratet werden. So war es schon immer, so ist es, und so soll es bleiben.

Nach traditionellen Vorstellungen sollen Jungen zum Familienoberhaupt und Mädchen für die Rolle der Mutter und Ehefrau erzogen werden. Diese antiquierten Vorstellungen werden in der Praxis glücklicherweise zunehmend modifiziert. Es gibt immer mehr moderne Haushalte, in denen das alte Rollenverständnis keine so große Bedeutung mehr spielt, dafür Bildung aber wichtiger geworden ist. Und das gilt auch zunehmend für Mädchen.

Aber bislang eben nicht für alle. Das Freizeitverhalten der betroffenen Mädchen in Lohberg wird nicht selten gemeinschaftlich überwacht. Treffen die sich mit Jungs? Wer sind ihre Freundinnen, und wie verhalten die sich? Was machen sie, wenn sie sich treffen? Manche Schülerinnen von mir fahren in bis zu 60 Kilometer entfernte Städte, um ihren Freund zu sehen, weil sie Angst haben, von den »Lohberger Jungs« gesehen zu werden. Allerdings zeigt dieses Beispiel zugleich, dass auch streng erzogene Mädchen sich Wege suchen, ihre Freiheiten zu erlangen. Sie brechen mit den vorgegebenen Mustern und setzen sich – wenn auch heimlich – darüber hinweg. Der Kontrollverlust der Familien nimmt zu. Wenn die Mädchen dabei jedoch erwischt werden, müssen sie mit Bestrafung rechnen – schlimmstenfalls mit körperlicher Gewalt –, weil der Vater oder die Brüder eine Wiederholung der »Ehrbeschmutzung« verhindern wollen.

Schwere Straftaten wie Zwangsverheiratung und »Ehrenmorde« kommen in diesen Zusammenhängen vor, und man darf diese Phänomene nicht kleinreden, aber entgegen den gängigen Klischees sind und bleiben sie eine Ausnahme – zumindest sind sie bei Weitem kein Massenphänomen, wie uns manche Autorinnen und Autoren, Journalisten und Journalistinnen in der Vergangenheit weismachen wollten.

Nach den jüngsten Ereignissen in Lohberg hat sich der Deutsche Kinderschutzbund verstärkt in die Jugendarbeit eingeschaltet. Im schulischen Umfeld gibt es Sozialarbeiterinnen und Sozialarbeiter, die sich um auffällige Kinder kümmern, zu ihnen Beziehungen aufbauen und halten können. Die Stadt Dinslaken ist nun sehr darum bemüht, das Zusammenleben zu fördern. Ein SOS-Projekt (Sauberkeit, Ordnung und Service), das schon vor einigen Jahren ins Leben gerufen wurde, wird weiter gestärkt und aufgebaut. Im Rahmen dieses Projekts werden Jugendliche aus Lohberg dazu angehalten, etwas für ihren Stadtteil zu tun, angeleitet von einem engagierten Lohberger, den die Jungen als Vorbild akzeptieren.

Dieses Engagement, mit dem nun eingeschritten wird, bewerte ich überaus positiv. Ich hätte mir nur gewünscht, dass schon früher damit begonnen worden wäre – lange bevor der Salafismus zum Thema wurde. Denn dass viele Jugendliche in Lohberg in einer prekären Situation leben, ist seit Jahren erkennbar.

Die Anfänge der Lohberger Brigade

Lohberg wird von zwei Moscheegemeinden dominiert: der DİTİB-Moschee und der Süleymance-Moschee, die dem Verband der Islamischen Kulturzentren angehört. Es herrscht eine Art Rivalität unter ihren Mitgliedern. Sie grenzen sich voneinander ab, was man bereits am jeweiligen äußeren Erscheinungsbild erkennen kann. So lässt sich bei vielen Frauen und Mädchen schon an der Bindeart des Kopftuches gemeinhin zuordnen, in welcher Moschee sie beten gehen.

In den letzten Jahren haben nach meiner Beobachtung die Moschee als Einrichtung wie auch die Religion für manche Jugendliche in Lohberg einen größeren Stellenwert bekommen. Das heißt nicht, dass sie den Glauben mehr praktizieren, streng religiös leben oder eine tiefere Kenntnis über den Islam besitzen. Vielmehr würde ich sie so beschreiben, dass sie »auf der Suche« sind. Sie suchen nach Identität, auch über den Weg der Religion.

Die salafistischen Gruppen, die es in Dinslaken gibt beziehungsweise gegeben hat, hatten anfangs lose Verbindungen zu beiden Moscheen. Immer wieder hörte ich in den vergangenen Jahren davon, dass sich unterschiedliche Personen aus dem salafistischen Milieu in der einen oder anderen Moschee trafen. Ob mit dem Wissen der Verantwortlichen oder nicht, ob dort missioniert wurde oder ob man die Moscheen nur als Treffpunkt aufsuchte, um zu beten, weiß ich nicht. Sicher ist allerdings, dass der heute bekannteste deutsche Salafisten-Prediger, Pierre Vogel, 2006 einen Vortrag in der DİTİB-Moschee halten durfte. Ich erinnere mich noch sehr gut daran, denn die Jugendlichen kamen nur einen Tag später in der Schule zu mir und berichteten fasziniert von dieser Begegnung mit dem damals noch außerhalb interessierter Kreise weitgehend unbekannten Konvertiten. Ich fragte sie, was denn Inhalt seines Vortrags gewesen sei, und sie erzählten mir, dass Pierre Vogel in ihrer Sprache, also in deutscher Jugendsprache, ausgedrückt habe, was der »wahre« Islam eigentlich von uns wolle. Er sagte ihnen beispielsweise, dass Discobesuche eigentlich *ḥarām* – also verboten – seien. Dass Alkoholgenuss ebenfalls *ḥarām* sei. Dass die wahre Religion natürlich der Islam sei und sich alle bemühen sollten, auf den Weg Gottes, den Weg des Islam, zu gelangen. Es gehe im Leben einzig und allein darum, sich an Gottes Gebote zu halten. Andersgläubige bezeichnete Pierre Vogel schon damals selbstverständlich als *kuffār* (von ihm als »Ungläubige« übersetzt).

Diese Sicht auf den Islam, die die Religion ausschließlich auf ein Gesetzeswerk reduziert, bereitete mir schon immer Unbehagen. Weniger genau wusste ich damals, ob mir die Inhalte der Reden Pierre Vogels oder aber die Faszination, die offenbar von ihm als Person ausging, größere Bauchschmerzen verursachen sollte. Doch nur einige Tage nach seinem Besuch in der Moschee war – zu meiner Freude – eigentlich keiner mehr fasziniert von dem, was er gesagt hatte. Das heißt, er hatte es zwar geschafft, vorübergehend die Aufmerksamkeit der Jugendlichen zu bekommen. Er konnte sie dazu bringen, sich kurzzeitig mit ihm zu identifizieren und seine Predigt ernst zu nehmen. Aber sein Auftritt hatte damals noch keinen langen Nachhall.

Doch schon bald nach Vogels Besuch in Lohberg wurde deutlich, dass solche manipulativ-missionarischen Kräfte irgendwann stärker werden könnten und dass Eiferer wie er das Potenzial mitbringen würden, Jugendliche zu einem restriktiven Islamverständnis, wie sie es predigen, zu verführen. Im Internet wuchs die Popularität von Pierre Vogel, und die Schilderungen meiner Schüler hatten mir gezeigt, welches Echo er und seine Mitstreiter auch in der realen Welt auslösen können: Wenn man mit nur einer einzigen Begegnung so viel Faszination ausüben kann, was passiert dann, wenn die Jugendlichen regelmäßig solche Begegnungen haben?

Inzwischen haben wir darauf schon eine Antwort bekommen, denn genau das geschieht gegenwärtig in vielen Städten Deutschlands: Junge Menschen werden tagtäglich mit salafistischem Gedankengut infiltriert. Erfolgreich. Nachhaltig. Und wir wissen, mit welchen Folgen.

Meistens gibt eine charismatische Person den Ausschlag und findet mit ihren Ideologien und einer vereinfachten Weltsicht Zugang zu diesen jungen Menschen. Auch in Dinslaken-Lohberg ist diese Infiltrierung gut sechs Jahre nach dem Auftritt von Pierre Vogel zunächst von einer Einzelperson ausgegangen. Der junge Mann Mitte 20 bekannte sich zum Salafismus, und seine Mission bestand darin, Jugendliche ebenfalls zum »wahren« Islam zu bringen. Was mit lockeren Zusammentreffen begann, wurde irgendwann zu regelmäßigen Verabredungen an eigens dafür ausgesuchten Orten, anfangs unter anderem in den Räumlichkeiten einer Stiftung, später sogar für kurze Zeit in den Gemeinderäumen der Moscheen. All das geschah, ohne viel Aufsehen zu erregen. Niemand in Dinslaken-Lohberg sah diese Gespräche, Begegnungen oder Unterweisungen als gefährlich an. Und irgendwann wurde aus dieser kleinen Gruppe von jugendlichen Anhängern eine größere, die überregionale Kontakte zu anderen Gruppen suchte – und Anschluss an ein bereits bestehendes Netzwerk fand, das auch über Social-Media-Plattformen wie Facebook Platz für regen Austausch bot.

Die Person, die in Lohberg missionierte, ist dort aufgewachsen, stammt also selbst aus der dortigen Community mit Migrationshintergrund – weshalb ihr erst recht von Anfang an kein Misstrauen entgegengebracht wurde. Dieser Deutsche mit türkischen Wurzeln hatte keine Schwierigkeiten, Zugang zu den Jugendlichen zu finden. Und die Jugendlichen wiederum konnten sich mit ihm identifizieren, konnten sich mit ihm »in ihrer Sprache« (sowohl auf Türkisch als auch auf Deutsch) über den Islam austauschen, und weil er einer von ihnen war, fragte auch niemand nach, mit wem sie da sprachen.

Dass ausgerechnet Dinslaken-Lohberg zu einer international bekannten »Hochburg« des gewaltbereiten

Salafismus in Deutschland wurde, ist also letztlich zu einem großen Teil dem Zufall geschuldet. Der Boden für eine solche Entwicklung wäre auch in anderen Städten und Stadtteilen bereitet. Dinslaken-Lohberg steht für all die anderen Kommunen oder Städte, die mit ähnlichen sozioökonomischen Herausforderungen zu kämpfen haben. Die wirtschaftlichen und sozialen Umstände sind nicht die alleinige Ursache für die salafistische Radikalisierung, sie bieten jedoch einen fruchtbaren Boden für vermeintliche »Retter«, die plötzlich in so einem Milieu aktiv werden.

Einige deutsche Jugendliche mit und ohne Migrationshintergrund, muslimisch, aber auch andersgläubig, sind grundsätzlich anfällig für die Anwerbeversuche durch Salafisten. Diese suchen einen neuen Kontakt nicht ausschließlich aufgrund des Migrationshintergrunds oder der religiösen Glaubenszugehörigkeit aus. Entscheidend ist die Persönlichkeitsstruktur dieser Jugendlichen. Wie orientierungslos wirken sie? Wie haltlos sind sie? Wie sehr befinden sie sich auf der Suche nach einem Sinn in ihrem Leben? Wie gewaltbereit sind sie? Und: Wie wenig Vorwissen über den Islam haben sie? Dass die Gefahr, der Verführung der Salafisten zu erliegen, groß ist, zeigen zwei Beispiele aus Dinslaken, über die auch schon in den Medien berichtet wurde.

Philip B., Mitte 20, hat sich offenkundig im Irak in die Luft gesprengt. Philip war irgendwann zum Islam konvertiert, also lange Zeit kein Muslim, und war Herkunftsdeutscher. Er wohnte in der Innenstadt, wirkte eher unauffällig. Philip, der sich später »Abu Osama« nannte, jobbte als Pizzabote, besuchte eine Berufsschule und spielte gerne Fußball.

Mustafa K., ebenfalls Mitte 20, wurde in den Medien auf Bildern gezeigt, auf denen er mit einem abgetrennten Kopf in seiner Hand posiert. Er gilt mittlerweile als tot. Mustafa hatte einen türkischen Migrationshintergrund und lebte in Lohberg. Er hatte die Hauptschule ohne Abschluss verlassen, hat mehrmals eine Klasse wiederholen müssen und war bei der Suche nach einem Ausbildungsplatz immer wieder gescheitert. Drogenprobleme kamen hinzu. Mit Gelegenheitsjobs wie etwa als Paketzusteller kämpfte sich der Ehemann und Vater einer Tochter durchs Leben.

Die beiden Beispiele zeigen, wie unterschiedlich die Herkunft der rekrutierten Jugendlichen sein kann und wie gut es den Salafisten offenbar gelungen ist, zwei Deutsche mit und ohne Migrationshintergrund auf je eigene Art und Weise anzusprechen und zu manipulieren.

Es lässt sich nicht abstreiten, dass Salafisten zu muslimisch geborenen Jugendlichen einen schnelleren Zugang finden als zu nicht muslimischen. Erleichtert wird das etwa dadurch, dass sie den Finger auf die Wunde legen können, als Muslim permanent diskriminiert zu werden, oder durch den Hinweis auf die schlechten Lebensumstände von muslimischen »Brüdern« und »Schwestern« im Ausland – Männer, Frauen und Kinder als Opfer westlicher Politik, sei es in Afghanistan, im Irak oder anderswo. Ihr Leid, ob gestellt oder authentisch, lässt sich in unzähligen Videos im Internet anschauen.

Nicht muslimische Jugendliche sind oft beeindruckt von der Stärke, die Salafistengruppen ausstrahlen, wenn sie sich trotz schärfster Verurteilung und Beobachtung durch Politik, Sicherheitsbehörden und Mehrheitsgesellschaft zu ihrer Ideologie bekennen und jedem Widerstand vermeintlich die Stirn bieten.

Die persönliche Radikalisierungsgeschichte jedes Einzelnen ist einzigartig. Die Mechanismen jeder Radikalisierung – ob rechtsextremistisch, linksextremistisch, salafistisch – wiederum sind grundsätzlich die gleichen. Entscheidend ist die Bereitschaft der Jugendlichen, aus ihrem alten Leben fliehen zu wollen. Genau daran knüpfen Menschenfänger an – und als Verkleidung dient ihnen die Religion des »Islam«.

3
Warum sind Jugendliche dafür anfällig mitzumachen?

Jugendliche, die in ihrem Elternhaus keine Geborgenheit, Sicherheit und Akzeptanz erfahren, haben emotionale Defizite, vor allem Selbstwertprobleme und Schwierigkeiten bei der Regulierung ihrer Gefühle. Ihre Ohnmacht kompensieren sie häufig mit Unrecht und Gewalt, die sie anderen antun. Zugleich haben sie eine erhöhte Bereitschaft, Menschen Vertrauen zu schenken, die ihnen vermeintlich die Zuneigung und Anerkennung geben, die sie brauchen. Das ist kein salafismusspezifisches Phänomen.

Auch die jungen Menschen, die einmal meine Schüler waren und sich den Salafisten angeschlossen haben, waren durch sozial bedingte Probleme belastet und haben in ihrer jeweiligen Familie zu wenig Anerkennung, Unterstützung oder Liebe bekommen. Werte wie Respekt – ungeachtet von Alter, Geschlecht, Religion und sexueller Orientierung – oder Gewaltlosigkeit wurden ihnen nicht oder nicht ausreichend vermittelt. Auf die

Bedürfnisse anderer sind sie dann genauso wenig eingegangen wie ihre Eltern auf die ihren. Bei vielen Jugendlichen, die in die salafistische Szene geraten sind, lassen sich familiäre Bindungsdefizite feststellen. Insbesondere fehlt häufig eine Vaterfigur, entweder weil der Vater früh gestorben ist oder weil er die Familie verlassen hat – oder weil er sich zu wenig in das Familienleben einbringt.

Gerade bei Jungen geben die Eltern ihre Erzieherrolle oft früh auf. Sie lassen ihren Söhnen alle Freiheiten. In gewisser Hinsicht überlassen sie sie sich selbst. Bei bestimmten Dingen wird zu oft weggeschaut, weil es einfacher ist, als sich damit auseinanderzusetzen und den eigenen Kindern Grenzen aufzuzeigen.

Gewalt und Aggressionen habe ich bei vielen Kindern in Lohberg schon im Grundschulalter gespürt. Bereits in der ersten Unterrichtsstunde begegnet man Zweitklässlern, die aufbrausend und aggressiv mit ihren Mitschülern umgehen. Festigt sich der Eindruck, ist zu vermuten, dass zumindest ein ruppiger, wenn nicht gewalttätiger Umgang im Elternhaus existiert. Das müssen nicht zwangsläufig Misshandlungen durch die Eltern sein, es reicht schon, wenn Eltern eskalierende Raufereien zwischen Geschwistern zulassen. Das aggressive Verhalten dieser Schüler zieht sich durch die ganze Schullaufbahn. Es wirkt sich nicht nur auf die Disziplin, die Leistungsbereitschaft und letztlich die Noten aus, sondern dominiert auch das Freizeitverhalten.

Im Grunde sind solche Kinder »Opfer«. Ihr Opferstatus bedeutet nicht unbedingt, dass sie zu Mobbing-opfern werden müssen. Ganz im Gegenteil: Sie versuchen, im erlernten Beziehungsmodell Täter–Opfer die Rollen zu tauschen, indem sie gegenüber anderen zum Täter werden. Sie treten mit übertriebenem, aufgesetztem Selbstbewusstsein auf und profilieren sich mit bestimmten Taten innerhalb ihrer Gruppe. Sie demonstrieren eine Stärke und Überlegenheit, die sie selbst gar nicht empfinden. Begünstigt wird das oft durch ein ihnen vermitteltes traditionelles Rollenverständnis, das den Mann als Pascha sieht, als denjenigen, der Verantwortung übernehmen muss und deshalb auch dominant auftreten darf. Schwäche sollte man sich in diesem traditionellen Umfeld nicht leisten als junger Mann.

Wer Gewalt erfahren hat, neigt selbst eher zu Gewaltausbrüchen, Konflikte können gelegentlich zu Gewaltexzessen führen. Diese Hintergründe zu sehen und zu verstehen heißt nicht, die Taten zu entschuldigen. Oder die jugendlichen Täter aus der Verantwortung zu entlassen. Im Gegenteil, sie müssen für das, was sie tun, geradestehen. Aber die Hintergründe zu sehen hilft, die Präventionsmaßnahmen für künftige Generationen an den richtigen Stellen anzusetzen.

Junge Menschen stellen sich ab einem gewissen Reifegrad immer wieder die Frage, wie zufrieden sie mit ihrem Leben sind. Insbesondere viele deutsche Jugendliche mit muslimischer Glaubenszugehörigkeit und/oder ausländischem Familienhintergrund werden diese Frage mit »nicht besonders zufrieden« beantworten. Frage ich meine Schüler nach dem Grund, wird als Erstes die Außenwahrnehmung genannt, das Gefühl, immer nur als »die Ausländer« oder »die Muslime« gesehen zu werden. Viele von ihnen empfinden sich als Verlierer dieser Gesellschaft, und gegen dieses Minderwertigkeitsgefühl begehren sie auf – auf ganz unterschiedliche Art und Weise. Die einen ziehen sich zurück, andere engagieren sich bei den unterschiedlichsten Aktionen oder Projekten, um gegen dieses Bild, gegen diese Rolle in der Gesellschaft anzukämpfen.

Und wiederum andere suchen Anschluss an eine Gruppe oder Initiative, die ihnen die Möglichkeit gibt, mit Rückendeckung zu rebellieren, gegen das eigene Elternhaus, gegen die verkrusteten Gesellschaftsstrukturen, in denen sie sich verhaftet sehen. Jugendliche mit Migrationshintergrund in der dritten, vierten Generation, die einen höheren Bildungsstand haben, fühlen sich mitunter eingeengt. Zum Teil werfen sie ihren Eltern – natürlich nur insgeheim – ihre Angepasstheit und »Erfolglosigkeit« vor. Sie würden das nie offen äußern, dafür wird der Respekt vor Vater und Mutter in diesem Kulturkreis zu sehr hochgehalten. Das gilt insbesondere für das Familienoberhaupt – auch dann, wenn das ein schlechter Ehemann und ein schlechter Vater ist, wenn er gewalttätig oder selten zu Hause ist. Trotzdem ist Rebellion gegen die Eltern eine natürliche Entwicklung, die alle Jugendlichen weltweit in irgendeiner Form durchmachen. Bei Kindern von Einwandererfamilien aus dem orientalischen Raum ist das jedoch etwas anders gelagert als bei deutschstämmigen Jugendlichen.

Der Unmut über die Verhältnisse zu Hause treibt Jugendliche ebenso um wie der Frust über die sie ausgrenzende Mehrheitsgesellschaft, in der sie leben, und die Wut über die eigene unklare Identität. Die Auflehnung dagegen und eine Sinnstiftung scheinen für manche muslimische Jugendliche besonders gut durch oder mit dem Salafismus möglich zu sein. Wenn sie die Rebellion suchen, finden sie sie dort. Salafismus ist für die meisten Anhänger somit vor allem auch eine Jugendprotestbewegung, mehr jedenfalls als eine religiöse Erweckungsbewegung, für die sie oft gehalten wird. Selbst die Verfassungsschutzbehörden sprechen inzwischen in diesem Zusammenhang von einem Trend zur »Jugendkultur« und zu einem neuen »Lifestyle«. Der französische Wissenschaftler Olivier Roy sieht im Salafismus Analogien zur deutschen Terrororganisation »Rote Armee Fraktion«. Die RAF-Anhänger hätten sich zunächst gegen ihre Eltern erhoben. Sie beschuldigten sie noch Jahrzehnte nach dem Zweiten Weltkrieg des Faschismus oder der unkritischen Hingabe an den Kapitalismus. Roy ist überzeugt: Den Salafismus als eine Art »Kampf der Kulturen« zu sehen sei ein Fehler. Vielmehr sei der Salafismus eine Form der Radikalisierung einer westlichen beziehungsweise verwestlichten Jugend.

Auch zum Hip-Hop werden Verbindungen gezogen. Viele Hip-Hopper bringen durch ihre Kunstform und ihr hartes Auftreten ihre Unzufriedenheit über gesellschaftliche Zustände zum Ausdruck. Ähnliches lässt sich bei Salafisten beobachten. Einige junge Leute waren denn auch der Hip-Hop-Szene verhaftet, bevor sie das Lager wechselten – allen voran der Deutsch-Ghanaer Denis Cuspert, der zunächst als Rapper »Deso Dogg« auftrat, dann zum Salafismus konvertierte und heute als »große Nummer« in den Reihen der IS-Terroristen steht. Die teilweise Nähe zum Hip-Hop ist aus meiner Sicht besonders besorgniserregend, da es sich um eine weit verbreitete Lebenskultur junger Menschen handelt und die Grenzen zum Salafismus ein Stück weit verschwimmen. Musik wird von den Salafisten bewusst für propagandistische Zwecke eingesetzt, um Jugendliche zu erreichen und ihr Lebensgefühl mit dem Salafismus in Verbindung zu bringen. Selbstverständlich in einem anderen als dem normalerweise üblichen Hip-Hop-Stil. Salafisten nutzen religiöse Gesänge – so genannte Naschids – als Blaupause für ihre Inhalte.

Leider nicht zu Unrecht glauben viele Jugendliche, dass für sie kein Bildungsaufstieg, kein finanzieller, kein sozialer Aufstieg in dieser Gesellschaft möglich sein wird. Ihre schulischen Leistungen sind schlecht, möglicherweise wartet auf sie nicht mal ein Hauptschulabschluss. Und wenn doch ein versöhnlicher Schulabschluss greifbar erscheint, glauben gerade einige Lohberger, dass sie damit nicht die gleichen Zugangsvoraussetzungen zum Arbeitsmarkt erlangen wie deutschstämmige Schulfreunde. Studien belegen seit Langem, wie sehr der Bildungsaufstieg in Deutschland von der sozialen Herkunft abhängt.

Das sind keine optimalen Voraussetzungen, um Anerkennung zu erhalten. Möglicherweise bleibt einem jungen Menschen nichts anderes übrig, als auf Dauer Kartons im Laden seines Onkels zu stapeln. Er spürt in sich den Wunsch, mehr aus seinem Leben zu machen – aber es fehlen ihm die Mittel dazu. Und dann lockt ein Aufstieg in der Salafistenszene, wo man sich als moralisch überlegen fühlen darf. Plötzlich darf man anderen »Brüdern und Schwestern« den richtigen Weg weisen, darf sie auf vermeintliche Fehler in ihrer Lebensführung aufmerksam machen und in eine Mahnerrolle schlüpfen. Plötzlich ist jeder von ihnen eine Art Prophet im Auftrag Gottes. Ein Riesensprung für das eigene Selbstwertgefühl. Zudem erfährt man auch noch Anerkennung dafür, wenn man sich besonders streng an alle Regeln hält. Vielleicht kann man sogar Geld verdienen, wenn man sich als Söldner den Milizen in Syrien oder im Irak anschließt. So traurig es klingt, auch solche Gedanken können helfen, die Tür zum Salafismus aufzustoßen.

Im Salafismus fühlen sich die muslimischen Jugendlichen angenommen, so, wie sie sind. Das Identitätsmerkmal Islam wird hier nicht nur akzeptiert, sondern ist Bedingung, wird als Voraussetzung für einen »wertvollen« Menschen herausgestellt. »Was für ein Gegensatz zur allgemeinen Islamdebatte in Deutschland!«, werden viele denken. Der Salafismus wirkt hier wie ein Auffangnetz, das frustrierte und orientierungslose Menschen scheinbar vor dem Absturz bewahrt.

Im Vergleich zu den anderen Formen des Extremismus, anderen Formen der Radikalisierung ist das vom

Prinzip her gar nicht so unterschiedlich. Für Menschen mit ausländischem Familienhintergrund aber liegt der Salafismus in Deutschland schlicht am nächsten. Rechtsextremistische Ideologien, mit denen aufbegehrende Jugendliche in den Achtziger- und Neunzigerjahren ihr Umfeld schockierten, bieten sich wohl kaum an. Wie sollte ein schwarzhaariger Mann mit dunklen Augen und dunkler Haut bei einer deutschnationalen, rassistischen Vereinigung mitmachen? Für den Einstieg in deren Pendant, die linksextreme Szene, sind die Hürden zwar geringer, aber auch diese Szene ist nicht unbedingt naheliegend. Nehmen wir das Beispiel der Punkbewegung. Ein Jugendlicher aus einer traditionellen Einwandererfamilie, wie wir sie in Lohberg finden, könnte nicht einfach eines Tages mit grüner Irokesenfrisur und Nietengürtel in seinem Viertel auftauchen. So etwas würde sofort zu erheblichen Konflikten mit Eltern, Verwandten und Nachbarn führen, für die ein solches Auftreten völlig fremd wäre. Wenn aber ein Jugendlicher plötzlich anfängt, fromm zu werden, zu beten, sich für den Koran zu interessieren, fällt das nicht nur weniger auf, sondern dürfte von vielen begrüßt werden. Religiosität ist ja nichts Schlimmes. Viele Eltern kämen daher nie auf die Idee, das zu kritisieren, einfach weil sie keine Gefahr darin sehen – der religiöse Extremismus liegt den meisten Familien so fern, dass sie nicht einmal daran denken.

Wenn man nun die gewaltbereiten Jugendlichen betrachtet, die vielleicht bislang eher in kleinen, unorganisierten Gruppen auffällig wurden, kann sich jeder vorstellen, dass die Heranführung an die salafistische Ideologie nicht gerade gesund ist. Wenn sich diese Jugendlichen doch im »Auffangnetz« des Salafismus sammeln, – dann ist das für unsere ganze Gesellschaft hochgefährlich. In Solingen und Bonn blitzte das Gewaltpotenzial im Mai 2012 zweimal auf, als es zu Auseinandersetzungen zwischen Salafisten, Rechtsextremen und Polizisten kam.

Trotz all der sozialen und psychosozialen Faktoren scheint das Problem des Salafismus für viele ein rein religiöses zu sein: »Sollen sich doch die Muslime darum kümmern, was haben wir damit zu tun«, schallt es mir bei Veranstaltungen häufig entgegen. Aber diese Vorstellung trifft eben einfach nicht zu. Nur weil uns Salafisten – übrigens genauso wie Islamhasser – einreden wollen, das sei alles Islam, was sie da machen, entspricht das noch lange nicht der Wahrheit. Natürlich hat der Islam etwas mit dem Salafismus zu tun. Es wäre ja absurd, etwas anderes zu behaupten. Aber der Islam ist nur das Vehikel für die Salafisten. Mir geht es nicht darum, die Religion auszuklammern, sondern darum, ihre tatsächliche Rolle aufzuzeigen.

Dschihadisten beziehen sich ganz selbstverständlich auf den Islam – aber wie religiös sind sie tatsächlich? Es gibt ein sehr bezeichnendes Bild, das hin und wieder in der deutschen Berichterstattung über Salafismus oder die Terrororganisation IS auftaucht: Man sieht nur den Unterarm eines jungen Mannes, der demonstrativ vor die Kameralinse gehalten wird. Auf dem Arm ist das Wort Dschihad tätowiert. Jeder halbwegs gläubige Muslim weiß, dass Tattoos im Islam wenn nicht verboten, so doch absolut verpönt sind. Indem sich dieser junge Salafist auf dem Foto tätowieren ließ, machte er unfreiwillig deutlich, wie wenig Ahnung er von der Religion hat beziehungsweise wie wenig es ihm um Religion geht.

Das Islamverständnis der meisten Jugendlichen ist stark von Unwissenheit geprägt, entweder weil sie überhaupt erst zum Islam konvertieren oder weil sie sich kaum mit ihrer Religion beschäftigt haben. Sie haben bereits große Schwierigkeiten damit, die wichtigsten Quellen im Islam auszumachen. All das sehe ich jeden Tag in meinem Unterricht. Sie haben keinerlei Kenntnisse darüber, was islamisches Recht bedeutet und womit sich islamische Theologie beschäftigt. Sie haben größte Schwierigkeiten, den Inhalt des Korans halbwegs wiederzugeben. Im Grunde genommen, bezieht sich ihr ganzes Wissen auf das, was sie durch Erklärungen im Elternhaus mitbekommen haben. Ein selbstständiger Zugang zu islamischen Quellen oder wenigstens zum Koran ist den meisten schier unmöglich – und da tut es nichts zur Sache, wenn muslimische Jugendlichen selbst etwas anderes über sich behaupten. Schon deshalb, weil die mangelnden sprachlichen Fähigkeiten ein unüberwindbares Hindernis darstellen. Der Koran ist bekanntlich in der arabischen Sprache des 7. Jahrhunderts (!) aufgezeichnet worden, und selbst Übersetzungen lassen sich nicht wie eine Abendlektüre lesen. Die Jugendlichen befinden sich somit in einer Art Abhängigkeit von denen, die behaupten, einen intellektuellen Zugang zu diesen und anderen Grundlagentexten der Religion zu haben. Mit dieser Abhängigkeit wachsen sie auf, und sie macht sie anfällig für Ideen oder Auslegungen unterschiedlichster Art. Weil sie über keinerlei theologisches Wissen verfügen, vertrauen sie auch weiterhin auf die Auslegungen und Ausführungen anderer. An wessen Lippen sie dann hängen, ist oftmals bloß eine Frage der Autorität und der Popularität einer Person. Die Jugendlichen selbst können gar nicht für oder gegen eine Auslegung des Koran argumentieren – für sie ist und bleibt es eine reine Glaubenssache.

Die unzureichende Wissensvermittlung könnte und sollte auch durch die Moscheegemeinden kompensiert werden. Doch wenn es überhaupt so etwas wie religiösen Unterricht jenseits der Hinführung zum Lesen und Rezitieren des Korans gibt, ist er aus moderner pädagogischer Sichtweise zumeist ebenfalls unzureichend. Hier könnte vieles verbessert werden. Genauso wie sich Eltern mehr Gedanken um eine adäquate religiöse Bildung ihrer Kinder machen müssen, müssen Imame ihre nach wie vor verbreiteten antiquierten Lehrmethoden wie Frontalunterricht, Auswendiglernen, Arabischkurse überdenken. Notwendig wäre auch, als dritten Lernort die Schule beziehungsweise den Islamischen Religionsunterricht als ordentliches Unterrichtsfach weiter zu etablieren. Vor allem hier können sich Schüler in einer vergleichsweise ungezwungeneren Umgebung und in einer ihnen verständlichen Sprache mit dem Glauben auseinandersetzen,

Dinge hinterfragen, auch »unerhörte« Fragen stellen und so ein fundierteres Wissen erlangen.

Ich bin der Meinung, dass ein religiös gebildeter Jugendlicher den Salafisten nicht so einfach in die Hände fallen würde. Er hätte gelernt, dass es »den« einzig wahren Islam gar nicht gibt und gar nicht geben kann. Dass Gläubige im Islam stets um das Verständnis ihrer Religion ringen müssen. Dass es in der Geschichte des Glaubens immer unterschiedliche Auffassungen gab und dass es sie immer geben wird. Der Islam kennt nun mal keine Instanz, die für alle verbindlich festlegen kann, was die Religion ausmacht. Es gibt keinen Papst und auch sonst keine theologischen Autoritäten, die so einen Anspruch erfüllen könnten. Daran ändert auch nichts, dass immer wieder Muslime auftreten, die Derartiges für sich reklamieren. Die behaupten, die Wahrheit zu kennen. Aufgeklärte Schüler würden solchen Personen eher mit der nötigen Skepsis begegnen als Schüler, die nur vom Elternhaus oder der Moschee ein bestimmtes Islamverständnis vermittelt bekommen haben. Sie hätten erfahren, dass es Koranverse mit Gewaltinhalten gibt, aber sie hätten auch erfahren, dass der Koran an anderen Stellen der Gewalt deutliche Grenzen setzt, dass, bis auf eine, jede Sure am Anfang auf die Barmherzigkeit Gottes hinweist.

Eine so deutliche Positionierung würde es wohl kaum geben, wenn der Barmherzigkeit keine so große Bedeutung im Islam hätte zukommen sollen. Ein informierter Schüler würde schneller merken, dass das Vorgehen der IS-Terroristen die Barmherzigkeit komplett ausblendet oder ihr zu wenig Bedeutung beimisst. Dass sich die IS-Terroristen vor allem auf die Gewaltverse konzentrieren und dass Gewalt eben das Mittel ist, das sie gebrauchen, um ihre Ziele durchzusetzen. Umgekehrt würden die Schüler ebenfalls schneller erkennen, dass auch jemand, der behauptet, Islam habe gar nichts mit Gewalt zu tun, nur einen Teil der Religion in seine Überlegungen mit einbezieht.

Wenn wir in Deutschland über den Islam oder andere Religionen reden, müssen wir die katholische Brille abnehmen. Meistens haben wir sie nämlich auf und bewerten etwas nach den alltäglichen Erfahrungen, die wir in christlichen Zusammenhängen machen. Wir gehen von denselben weitgehend klaren institutionellen Strukturen aus, die aber viele andere Religionen so eben nicht haben (streng genommen nicht mal die protestantischen Christen). Junge Muslime in Deutschland zum Beispiel verstehen sich aber selbst dann als sehr gläubig, wenn sie ihre Religion im Alltag beinahe vollständig ausblenden. Und auch ohne ausreichendes Wissen über ihre eigene Religion haben, empfinden sie den Islam für sich als sinn- und identitätsstiftend. Dadurch kann das Risiko, manipuliert zu werden, noch einmal steigen, denn je weniger ein Jugendlicher sich selbst im Islam inhaltlich verorten kann, desto eher wird er es zulassen, dass sein Platz innerhalb dieser Religion fremdbestimmt wird.

Neben dem emotionalen Halt und zwischenmenschlicher Nähe suchen Einzelne bei den Salafisten tatsächlich auch spirituelle Erfahrungen, doch: Diese Jugendlichen kennen in der Regel keinen spirituellen Zugang zur Religion. Das Gebet nehmen sie nicht als eine Form der Annäherung an Gott wahr, sondern als Pflicht, weil sie die Religion des Islam fast ausschließlich an Geboten und Verboten festmachen – so wie ihnen der Glaube oftmals im Elternhaus oder in der Moscheegemeinde vorgelebt wird. Der Salafismus greift das auf. Er suggeriert den Anhängern, dass sie Heil oder Frieden – wertvolle spirituelle Erfüllung – allein dann wirklich erlangen können, wenn die Gebote Gottes so eingehalten werden, wie es vermeintlich im Koran geschrieben steht.

In einigen Familien wird die Sichtweise von Religion als bloße Aneinanderreihung von Verboten und Geboten beziehungsweise von Strafen und Belohnungen auch genutzt, um Mechanismen der Angsterziehung zu verstärken. Ich spreche von den Mechanismen der sogenannten »Schwarzen Pädagogik«, die Studien zufolge nach wie vor verbreitet ist. Mit dem Begriff werden Erziehungsmethoden beschrieben, die darauf angelegt sind, Kinder massiv einzuschüchtern, ihnen körperliche wie seelische Schmerzen zuzufügen und Liebe zu entziehen. Bei solchen Erziehungsmethoden wird häufig Gott herbeizitiert als Zeuge und Richter: »Gott wird dich bestrafen, Gott sieht alles, du kommst in die Hölle, Gott kennt keine Gnade mit dir, Gott möge dein Leben verkürzen, Gott möge dir all deine Hoffnung und Wünsche niemals erfüllen!«

Das Verhältnis meiner muslimischen Schüler zu Gott ist entsprechend häufig von Angst geprägt. Ich erlebe immer wieder, dass Gott mit Unterwerfung, unbedingtem Gehorsam und Kontrolle assoziiert wird. Zu dieser Beobachtung komme ich insbesondere, wenn ich Schüler der unteren Klassen zu unterrichten anfange. Als islamische Religionspädagogin arbeite ich seit Jahren an neuen Formen der Vermittlung des Glaubens, aber vor allem an einer neuen Vermittlung des islamischen Gottesbilds. In der Kindheit stellen sich viele junge Muslime Gott als alten, weisen Menschen vor, der streng und allmächtig ist. Später, in der Pubertät, wird Gott in der Regel zwar nicht mehr als menschenähnlich angesehen, dennoch dominieren weiterhin Vorstellungen, die für eine gesunde religiöse und moralische Entwicklung nicht förderlich sein können.

Im Rahmen meiner Studien über das Gottesverständnis muslimischer Hauptschüler stieß ich teilweise auf erschreckende, aber zu erwartende Ergebnisse. Signifikant viele der befragten Schülerinnen und Schüler waren zum Beispiel der Ansicht, dass Gott ausschließlich strafend und nicht gerecht ist. In persönlichen Gesprächen bekräftigten sie: Gott ist unser Schöpfer und unser Richter, er beobachtet und prüft uns, er kennt unsere Ungerechtigkeiten. Der zentrale Aspekt der Barmherzigkeit spielt in der Wahrnehmung kaum eine Rolle. Die Schüler sehen sich häufig in einer Art Bringschuld Gott gegenüber, der sie hoffnungslos ausgeliefert sind. Während er unsere Geschicke bestimmt, haben wir Menschen eigentlich nur zu parieren oder zu reagieren. Häufig habe ich den Eindruck, dass die Jugendlichen gelegentlich ein Ohnmachtsgefühl beschleicht, weil sie glauben, sie hätten die »Prüfung« ohnehin schon »nicht bestanden«. Ich beobachte einen großen Drang danach, Gott zufriedenzustellen. Sie sind geradezu fixiert darauf, Gottes Wohlgefallen durch das Einhalten von Geboten und Verboten zu erlangen – unabhängig davon, ob sie das im Alltag tatsächlich umsetzen. Kritisch wird es immer dann, wenn es ihnen so vorkommt, als könnten sie diesen vermeintlichen göttlichen Willen nicht erfüllen, weil sie besonders in schwierigen Lebensphasen zu nachlässig sind.

Dieses Gottesverständnis geht bisweilen exakt mit dem Verhältnis zum eigenen, gefühlt übermächtigen Vater einher. Das auf Strenge reduzierte Gottesbild und das somit gestörte Verhältnis zu Gott stellt nicht nur aus religionspädagogischer Sicht eine mittlere Katastrophe dar – es ist eine weitere Ursache, weshalb sich Jugendliche leichter von Salafisten mit ihrer dogmatischen Haltung einfangen lassen.

Eine Aufgabe der islamischen Theologie und Religionspädagogik muss es daher sein, ein grundlegend anderes Konzept diesem verbreiteten Gottesverständnis entgegenzusetzen.

4
Wie werden Jugendliche verführt und radikalisiert?

Es gibt kein einheitliches Muster der Radikalisierung. Es gibt kein Schema F, das Salafisten auf jeden einzelnen Jugendlichen anwenden könnten, um ihn zu verführen. Jedes Schicksal ist einzigartig, genauso wie der Mensch, der betroffen ist. Wenn man es genau wissen will, muss man also den Einzelfall betrachten. Dennoch lassen sich einige Grundstrukturen feststellen. Die politischen Salafisten erkennen, wenn sie Jugendliche vor sich haben, die in prekären sozialen Verhältnissen leben, die mehr oder minder starke Defizite in der schulischen Bildung aufweisen oder vielleicht schon arbeitslos sind, die diskriminiert werden durch die Mehrheitsgesellschaft. Und sie merken es, wenn diese Jugendlichen frustriert sind, labil. Haben die Salafisten eine geeignete Person gefunden, gehen sie mit gezielten Methoden vor, um sie für sich zu gewinnen.

Gruppenidentität

Die Jugendlichen werden von Salafisten angelockt durch Angebote, die ihre bisherigen Bedürfnisse und Interessen ansprechen. Ein sportinteressierter 17-Jähriger wird mit Gesprächen über Fußball angelockt. Einem 15-Jährigen, der schwach in der Schule ist, bietet man an, ihm bei den Hausaufgaben zu helfen, gemeinsam mit anderen zu lernen. Eine 19-Jährige, die sich mit ihrer traditionellen Rolle im Elternhaus nicht zufriedengibt, kann sich mit anderen Mädchen austauschen, sich solidarisieren. Gerne gehen Salafisten auch über Sportvereine, um an Jugendliche zu gelangen – insbesondere über Fußball- oder Kampfsportclubs. Vor allem dort vermuten sie geeignete Mitstreiter oder besser gesagt Opfer. Die Angebote und Vorgehensweisen der Salafisten sind ausgeklügelt, individuell auf Alter, Geschlecht, Herkunft zugeschnitten. Das Ganze basiert natürlich weniger auf fachlichen und systematisierten Überlegungen, die im Vorfeld getätigt wurden, als auf der eigenen Erfahrung und der Intuition der salafistischen Verführer. Sie kommen ja in der Regel aus einem ähnlichen Milieu wie diejenigen, die sie auf der Straße und im Internet manipulieren.

Sobald erste Kontakte geknüpft wurden, ist der Rest relativ einfach. Einladungen in den Gemeinderaum oder in die Moschee sind der nächste Schritt. Die Salafisten schleichen sich förmlich in die Lebenswirklichkeit dieser jungen Menschen ein.

Dabei spielt ihnen nun in die Hände, dass sich die meisten muslimischen Jugendlichen als gläubige Muslime begreifen, auch wenn das Ausleben ihrer Religion ganz unterschiedlich sein kann: Einige gehen allenfalls am Ende des Fastenmonats Ramadan zum Festgebet in die Moschee, so, wie viele Christen nur an Weihnachten in die Kirche gehen. Andere setzen nie einen Fuß in eine Moschee, trinken Alkohol, essen und trinken im Ramadan. Das Einzige, was sie im Alltag noch beachten, ist vielleicht der Verzicht auf Schweinefleisch – für viele ist das das Gebot, das sie als letztes noch einhalten. Trotzdem sind religiöse Traditionen auch für solche Muslime in Deutschland völlig selbstverständlich. Anders als in vielen säkularisierten Familien mit christlichem Hintergrund, in denen es Jugendlichen oft schwerfällt, über Religion zu sprechen, den Glauben an Gott zu thematisieren (was christliche Kollegen in der Religionspädagogik immer wieder beklagen), ist das in vielen muslimischen Familien überhaupt kein Tabu- oder Outthema für junge Menschen. Im Gegenteil. Für sie ist es nicht ungewöhnlich, offen über Religion zu sprechen. In den meisten muslimischen Familien wird der Glaube zumindest von den Älteren noch gelebt. Selbst wenn die eigene Familie vor dem gemeinsamen Essen die Segensformel nicht spricht, so kennen muslimische Jugendliche garantiert Verwandte, Freunde und Bekannte, die das sehr wohl tun. In der Regel pflegen die Familien ein sehr geselliges Leben, bei dem es nicht ungewöhnlich ist, wenn der Onkel, Großonkel oder Freund des Vaters einen plötzlich auf religiöse Dinge anspricht – das gilt äquivalent für Mädchen. Dieser »Alltagsislam« macht es den Salafisten vergleichsweise leicht. Für kaum einen muslimischen Jugendlichen ist es sonderlich ungewöhnlich, von jemandem auf die eigene Glaubenspraxis angesprochen zu werden. Säkularisierte Jugendliche mit christlichem Hintergrund mögen eine solche Fragestellung als befremdlich empfinden. Für Muslime gilt das in der Regel nicht.

Wenn Salafisten das Thema Religion ansprechen, vermeiden sie in der Regel das Wort Salafismus. Sie würden nie ankündigen, nun über den Salafismus sprechen zu wollen, ganz im Gegenteil: »Wir sprechen hier über den Islam«, heißt es. Salafisten sehen sich selbst nicht als Salafisten. Der Begriff »Salafisten« ist für sie eine Fremdzuschreibung. Sie sehen sich schlicht als Muslime – als »wahre Muslime«. Nach ihrem Selbstverständnis stellen sie keine Strömung im Islam dar, sondern die einzig richtige Form islamischen Glaubens und Lebens. Alle anderen Formen gehen in ihren Augen auf irregeleitete Muslime oder Nichtmuslime zurück. Genau das macht sie zu Fundamentalisten.

Wer von den Salafisten aufgenommen wird, fällt zunächst in ein ausgesprochen warmes Nest. Neumitglieder werden überaus freundlich aufgenommen. Die übrigen Anhänger bringen ihre Freude deutlich zum Ausdruck. Sie feiern förmlich den neuen »Bruder«, die neue »Schwester«, schenken ihnen Aufmerksamkeit, stellen sie für eine Zeit in den Mittelpunkt der Gemeinschaft. Ältere Mitglieder nehmen sie an die Hand, beantworten ihnen bereitwillig alle Fragen. Das gilt insbesondere für Konvertiten. Junge Menschen erleben so eine Wertschätzung, die sie bisher womöglich noch nie erfahren haben. Traurig daran ist auch, dass hier die traditionelle südländisch-orientalische Gastfreundschaft, auf der dieses Verhalten der Salafisten basiert, pervertiert und missbraucht wird, um andere in ihre menschenverachtende Welt zu ziehen.

Beim gemeinsamen Beten, beim gemeinsamen Fasten oder Essen, bei gemeinsamen Freizeitaktivitäten wird der Zusammenhalt unter der Flagge des Islam gestärkt. Die Neuzugänge sind nun Teil der »wahren *umma*«. Eigentlich umfasst der Begriff *umma* die weltweite Gemeinschaft aller Muslime. Bei den Salafisten werden die Jugendlichen zum Teil einer kleinen *umma*, einer Gruppe von Rechtgeleiteten. Mit dem Gedanken dieser Mini-*umma* wird suggeriert, dass man sich in einer ähnlichen Situation befände wie die Urgemeinde um den Propheten Muhammad. Muhammad wurde zu seinen Lebzeiten in Mekka, während der Entstehungsgeschichte des Islam, mit seiner kleinen Gemeinde kritisiert, diffamiert und verfolgt. Damit vergleichen sich heutige Salafisten, wenn sie von Staat und Öffentlichkeit angegangen werden. Sie verkehren und verwenden die Kritik und staatlichen Repressionen für ihre Zwecke und appellieren an die Mitglieder, zusammenzuhalten, sich als verfolgte Minderheit zu sehen und gegen die unterdrückende Mehrheit aufzubegehren – so, wie einst Muhammad und seine Gefährten es getan haben. Das schweißt die Gruppe zusammen und etabliert eine sektenähnliche Gruppenmentalität und -identität.

Das soziokulturelle Umfeld des Propheten ist generell sehr wichtig für die Salafisten. Sie nutzen die überlieferten hierarchischen Strukturen, orientieren sich am politischen Vorgehen der ersten Muslime und an deren Machtansprüchen. Sie wollen eben eine Gesellschaftsstruktur wie vor 1400 Jahren im Hier und Jetzt installieren. Daran lehnt sich auch die Bezeichnung Salafisten an. Der Begriff kommt von dem arabischen Namen »*as-salaf as-sālih*« – zu Deutsch: die frommen Altvorderen. Damit sind die ersten drei Generationen nach Muhammad gemeint. Die Salafisten geben vor, deren Verständnis vom Islam nachahmen zu wollen.

Wenn ein Jugendlicher gut in die Szene eingeführt ist, dann öffnet sich für die Salafisten eine weitere Tür, um an junge Leute zu gelangen. »Bring doch mal deine Freunde mit« – warum sollte jemand eine solche Einladung des neuen salafistischen Bekannten ausschlagen? Und der hat sein nächstes Ziel erreicht und darf mit noch mehr Interessenten rechnen: Mundpropaganda und persönliche Empfehlungen wirken immer noch am besten. »Kommt doch mal mit, der Typ ist echt in Ordnung! Der tut wenigstens was für uns.«

Hat sich auf diese Weise eine kleine Gruppe gebildet, übt sie vielleicht im Schulalltag einen gewissen Reiz aus. Andere wollen dazugehören oder werden zumindest aufmerksam und fangen an, sich zu informieren. Und dann kommt zufälligerweise ein »prominenter« Salafistenprediger zu einer Veranstaltung in die Stadt.

Dort geht man dann gemeinsam hin, im Grunde wie andere auf das Konzert eines Popstars. Solche Veranstaltungen besuchen nicht nur Neulinge in der Salafistenszene, sondern auch eingefleischte Anhänger. So kann eine gewisse Sogwirkung entstehen. Die Neulinge erleben eine eingeschworene Gemeinschaft und wollen dazugehören. Möglicherweise werden sie von Erfahreneren auch ein wenig in diese Richtung geschubst: »Steh nicht so weit abseits, komm dazu, mach mit! Hab keine Angst.«

In solchen Situationen kommt es auf die Persönlichkeit der Jugendlichen an. Wer durch sein Elternhaus, sein gesellschaftliches Umfeld wenig gefestigt ist, sucht stets nach einer Orientierung, einem Halt und ist offener für solche Einladungen als andere. Aber auch wer sich vielleicht gerade nur in einer orientierungslosen Phase befindet und einen Ankerplatz sucht, wird eine Gemeinschaft zu schätzen wissen, in der man sich aufgehoben fühlen kann.

Seit den vergangenen 200 bis 300 Jahren vermittelt in Europa gewöhnlich die Nationalität das primäre Gefühl der Zugehörigkeit. Die meisten Menschen in Deutschland ohne Migrationshintergrund finden es seit vier, fünf Generationen jedenfalls dort. Sie sind zunächst einmal Deutsche. Hier geborene Menschen mit Migrationshintergrund finden es überwiegend nicht durch Nationalität. Sie fühlen sich als nicht richtig deutsch, aber eben auch nicht richtig türkisch, arabisch, bosnisch, kurdisch, italienisch, spanisch, griechisch etc. Dieses Gefühl wird ihnen von außen bestätigt. Wer bereits in dritter Generation einen türkischen Familienhintergrund hat, wer in Deutschland sozialisiert wurde, der ist schlicht nicht mehr in der Türkei heimisch. Diese Menschen werden dort von vielen nicht mehr als Türke angesehen. Sie sind die *almancılar* – »die Deutschländer«. Es gibt eine Reihe gut ausgebildeter Deutschtürken, die in die Türkei ausgewandert sind und es nicht geschafft haben, sich dort einzuleben, sondern wieder zurückgekommen sind. Auch Einwanderer, die seit 40, 50 Jahren in Deutschland leben, haben sich so weit von ihrer ehemaligen Heimat entfernt, dass sie auch im Rentenalter allenfalls verlängerte Ferien dort machen wollen. Die vollständige Rückkehr ist für viele keine Option.

Jetzt sind sie zwar »Deutschländer«, wie die Türken sagen, »Deutsche« sind sie aber eben auch nicht. Das wird ihnen hierzulande jedenfalls immer wieder beiläufig oder gezielt vermittelt. Zahlreiche Studien belegen die gesellschaftlichen Ausgrenzungstendenzen. Internet-Hassblogs, ausfällige Kommentare auf Internetseiten großer deutscher Medien und diskriminierende Super-Hypes, wie die monatelange öffentliche Auseinandersetzung um Thilo Sarrazins Buch *Deutschland schafft sich ab* 2010 lassen keine Zweifel offen. Auch nicht die Pegida-Demonstrationen, die Ende 2014 im sächsischen Dresden 15 000 Menschen auf die Straße getrieben haben, um gegen eine vermeintliche »Islamisierung des Abendlands« zu protestieren. Ausgerechnet in Sachsen, wo mehr als vier Millionen Menschen leben, darunter nur 16 000 Muslime, das entspricht einer Quote von 0,4 Prozent, und laut Verfassungsschutz nur gut 100 Salafisten, das sind 0,002 Prozent der Bevölkerung. Auch das von den »Patriotischen Europäern gegen die Islamisierung des Abendlands« (Pegida) – schon der Name ist eine Unverschämtheit – ins Feld geführte Argument der Ausländerkriminalität ist ein Witz: Die polizeilichen Statistiken weisen mehr als 1600 Straftaten von Rechtsextremisten aus, fast 600 von Linksextremisten und sage und schreibe drei (!) von Tätern mit ausländerextremistischem Hintergrund.

Man muss die Wirkungsweise dieser Phänomene auf Muslime nicht unbedingt nachvollziehen können, möglicherweise sind die Schlussfolgerungen, die aus der Sarrazin-Debatte oder den Pegida-Demonstrationen gezogen wurden, auch sachlich unbegründet, schließlich gab es auch Gegendemonstrationen. Ich selbst habe am 15. Dezember 2014 in Köln vor fast 16 000 Menschen gesprochen, die die Initiative »Arsch Huh« auf die Straße gebracht hatte. Kurz vor Weihnachten versammelten sich dann 12 000 Pegida-Gegner in München. Anfang 2015 kamen wieder Tausende nach Köln zu einer erneuten Kundgebung gegen Pegida. Das waren deutliche Zeichen gegen Islam- und Fremdenfeindlichkeit. Aber sachliche Argumente spielen hier nicht unbedingt eine Rolle. Viele Muslime fühlen sich einfach in ihrer Angst vor Diskriminierung bestätigt. Und so, wie manche Pegida-Anhänger für sich reklamieren, dass ihre Ängste – und seien sie auch unbegründet – ernst genommen werden sollen, wollen natürlich auch Muslime und andere Minderheiten, dass man ihre Sorgen berücksichtigt. Hier geht es eben um Gefühle, nicht immer um Logik und Vernunft.

Die verbale Ausgrenzung deutscher Muslime, die zum Beispiel im Gegensatz Muslime – Deutsche zum Ausdruck gebracht wird, geschieht nicht immer bewusst oder in böser Absicht. Als ich Gast in der ARD-Talkshow *Hart aber fair* war, wollte der Moderator Frank Plasberg eine neue Frage einleiten. Dabei sprach auch er von den Deutschen und den Muslimen. Da mich dieser künstliche Gegensatz schon seit Längerem wurmt, fiel ich ihm ins Wort und machte ihn darauf aufmerksam. Es entspann sich ein kleiner Disput. Herr Plasberg wollte den Einwand abwehren, wohl um den Faden nicht zu verlieren. Als Moderator mitunter hitziger Gesprächsrunden ist er es ja gewöhnt, unterbrochen zu werden, sich aber nicht beirren zu lassen. Aber auch ich insistierte. Ich bin es schließlich auch gewöhnt, dass man mir bei öffentlichen Veranstaltungen oder in der Schule ins Wort fällt. Aber plötzlich besann sich Herr Plasberg und ließ sich auf meine Anmerkung ein. Und noch in der Sendung räumte er ein, mit der Gegenüberstellung Deutsche und Muslime einen Fehler gemacht zu haben, und bemerkte, auch er müsse offensichtlich noch einiges dazulernen. Wie mir nach der Sendung berichtet wurde und wie ich später bei Facebook und Twitter nachlesen konnte, kam das bei vielen Muslimen sehr gut an. Sogar die *Bild*-Zeitung griff am nächsten Tag in ihrer Onlineausgabe den Vorfall auf und machte daraus die Schlagzeile »Hitziger Scharia-Talk bei ›Hart aber fair‹. Plasberg entschuldigt sich bei

Islamwissenschaftlerin«. Wenn solche Zwischenfälle dazu führen, dass die Gesellschaft sensibilisiert wird, dann bitte mehr davon!

Während die Zugehörigkeit von Menschen mit ausländischen Wurzeln zur deutschen Nation infrage gestellt wird, kann man ihnen ihren Glauben nicht absprechen. Muslime können den Islam von außen unwidersprochen für sich behaupten. So finden sie ihre Identität: »Dann sind wir eben Muslime.« Daran halten sie fest. Auch da setzen die Salafisten an. Sie bieten den Jugendlichen mit dem Islam eine Alternative an, sie bringen ihnen die Religion als Identitätsfaktor näher: »Die Deutschen sagen euch: ›Ihr seid nicht deutsch.‹ Für die bleibt ihr immer nur die Türken. Die Deutschen wollen keine Schwarzköpfe im Land.«

Neben die inländische Perspektive tritt die ausländische. Ungerechtigkeiten gibt es de facto nicht nur in Deutschland. Wenn man sich die Geschichte des Salafismus hierzulande anschaut, dann spielte das, was in der Welt passiert, lange Zeit sogar noch eine viel größere Rolle als die inländischen Spannungen. Die Anfänge des Salafismus in Deutschland liegen in den 1990er-Jahren. Hintergrund war der Bosnienkrieg von 1992 bis 1995. Auch dort mischten bereits islamistisch-fundamentalistische Kämpfer mit, die irgendwann fliehen mussten und dann mitsamt ihrer Ideologie nach Deutschland kamen. Hier fanden sie sich zu kleinen Gruppen zusammen – vor allem in Süddeutschland. Sie blieben aber im Vergleich zu heute eher unauffällig. In ihren Kreisen berichteten sie über die Grausamkeiten des Krieges, über Massenvergewaltigungen muslimischer Frauen, über Massaker wie in Srebrenica, wo Tausende muslimische Jungen und Männer ermordet wurden. Einige ihrer Gegenüber, mit denen sie sich austauschen konnten, waren alsbald geflohene tschetschenische Kämpfer. In der Kaukasusrepublik war zwei Jahre später ebenfalls ein fürchterlicher Krieg ausgebrochen, der in zwei Phasen insgesamt bis 2009 dauerte. Auch hier waren Muslime betroffen. Die nach Deutschland geflohenen Dschihadisten nutzten Erzählungen und Aufzeichnungen von Kriegsverbrechen, um auf die Lage ihrer Landsleute hinzuweisen. Bald entstanden erste Propagandavideos, die heute von Gruppen wie der IS zuhauf produziert werden. Schon damals waren die Videos recht professionell. Die Schilderungen hatten vor allem einen Zweck: das Narrativ von den leidenden Glaubensbrüdern und -schwestern in der Welt zu verbreiten. Unschuldige Opfer von ausländischen Mächten, denen man als Muslim aus moralischen und religiösen Gründen doch helfen muss, denen man zur Seite stehen muss. Hier wird die kleine *umma* wieder auf andere ausgeweitet. Die Salafisten machen sich die Welt, wie sie ihnen gefällt: Sind andere vermeintliche Muslime Opfer gehören sie zur Gemeinschaft. Fühlen sie sich nicht als Opfer und haben sich der modernen Gesellschaft angepasst, gelten sie als Gegner. Die politischen Entwicklungen nach den Anschlägen vom 11. September 2001, also vor allem der Afghanistankrieg und der Zweite Irakkrieg, erzeugten immer neue Ansatzpunkte für das muslimische Opfer-

Narrativ und das Feindbild »der Westen«. Und genau das nutzen die Salafisten in Deutschland aus. Ihr Schwerpunkt liegt allerdings auf Syrien und den Menschen, die dort leiden. Wie früher die bosnischen und tschetschenischen Dschihadisten erzeugt man auch heute unter potentiellen Rekruten Wut mit den Bildern schrecklicher Taten in den vielen Kriegsgebieten der islamischen Welt. Und das Schlimme ist, dass es tatsächlich reihenweise reale Verbrechen amerikanischer und europäischer Truppen sowie politische Verfehlungen amerikanischer und europäischer Regierungen gibt, sodass sich die Salafisten da nicht mal ganz so viel ausdenken mussten. Letztlich leiden wir also heute – auch in Deutschland – noch unter den Auswirkungen des auf der Basis einer Lüge von den USA vom Zaun gebrochenen Irakkriegs 2003 und des an allen völkerrechtlichen Regelungen vorbei installierten Gefangenenlagers in Guantánamo, der massiven Demütigung von Gefangenen im Gefängnis von Abu Ghraib. Denn all die Bilder von dort tragen dazu dabei, den »heiligen« Zorn junger, benachteiligter und diskriminierter Muslime im Westen anzufachen. Dass westliche Politiker immer von der – wie sie jedenfalls selbst glauben – moralisch höheren Position ihrer freien und demokratischen Rechtsstaaten auf den Rest der Welt schauen, macht die Sache nicht besser. Im Gegenteil. Diese Doppelzüngigkeit facht den Zorn noch mehr an. Bei Jugendlichen in Deutschland, die ihre Wurzeln in diesen Kriegsregionen haben, fällt es relativ leicht, hier Betroffenheitsgefühle zu bewirken.

Bei alledem ist nicht zu vergessen, dass es auch deutschstämmige Salafisten gibt, die nicht das Problem der Eigenverortung als Deutsche haben, die auch keinen familiären Bezug zu den Konfliktherden dieser Welt haben. Und es gibt ebenso Salafisten mit ausländischem Familienhintergrund, die sich trotz aller xenophoben Tendenzen eigentlich als Deutsche fühlen und sehen. Diese Jugendlichen werden mit anderen Mitteln angelockt, die Werber zielen auf andere Defizite ab.

Isolation

Alle gläubigen Muslime dürften davon überzeugt sein, dass Gott die absolute Wahrheit kennt. Nur die Salafisten gehen so weit, zu behaupten, sie – und sie allein – würden diese Wahrheit ebenfalls kennen. Im Grunde ist das nach islamischem Verständnis ein ungeheuerlicher Frevel gegen Gott, stellen die Salafisten ihr Wissen damit doch auf eine Stufe mit seiner Allwissenheit.

Angesichts ihres strenggläubigen Auftretens tun sich sowohl Vertreter von Islamverbänden und von einzelnen Moscheen als auch normale gläubige Muslime mitunter schwer, den Salafismus zu kritisieren. Sie haben schlicht Angst, von Salafisten öffentlich als Ungläubige gebrandmarkt zu werden. An Muslimen wie mir, die sich öffentlich gegen den Salafismus aussprechen und über die Mechanismen dieser Bewegung aufklären, können Sie ablesen, wie sehr man mitunter angefeindet und bedroht wird.

Angesichts des fehlenden, breiten öffentlichen Widerspruchs seitens der großen, etablierten muslimischen Gemeinden gelingt es den Salafisten umso besser, die unter ihrem Einfluss stehenden Jugendlichen sukzessive von ihrem damit als unwissend disqualifizierten familiären, sozialen und schulischen Umfeld abzukapseln. Das heißt auch: Die Jugendlichen werden aus ihrer Moschee herausgeholt. Sie werden von anderen Muslimen ferngehalten. Denn nicht nur nicht muslimische Menschen werden von den Salafisten als Gegner angesehen, sondern auch Muslime, die den Glauben anders leben als sie selbst und dafür womöglich auch noch einstehen.

Nach und nach infiltrieren die Salafisten die Jugendlichen mit ihren eigenen Überzeugungen. Sie suggerieren ihnen, dass sie die Wahrheit, die einzige Wahrheit, kennen. Das untermauern die Vordenker mit allerlei locker aus dem Ärmel geschüttelten Versen aus dem Koran, die sie auswendig wiedergeben können, sowohl auf Arabisch als auch auf Deutsch. Das untermauern sie ebenso mit Zitaten mittelalterlicher Gelehrter, die ihre Überlegungen begründen sollen. Für Jugendliche, die vielleicht noch nicht mal die Fatiha, die erste Sure des Koran, auswendig können – die Fatiha ist fester Bestandteil des fünfmaligen Gebetsritus und so etwas wie das Vaterunser im Christentum –, ist eine solche Performance äußerst beeindruckend, wobei selbstverständlich die Richtigkeit der Ausführungen für sie absolut nicht überprüfbar ist. Schon das übliche Zitieren von religiösen Floskeln aus dem islamischen Sprachgebrauch kann stark beeindrucken. Salafisten sagen zum Beispiel jedes Mal, wenn sie über ein Ereignis in der Zukunft sprechen: *in schā Allah,* »so Gott will«, oder schieben jedes Mal, wenn sie den Namen des Propheten erwähnen, *ṣallā Allāhu allay-hi wa-sallam* (»Gott segne ihn und spende ihm Heil«) hinterher. Andere religiöse Menschen in der islamischen Welt pflegen das durchaus ebenfalls zu tun, sowohl bei konservativ- wie liberalgläubigen Muslimen kann man solche Worte im täglichen Sprachgebrauch wahrnehmen. Man hört es bei Predigern im Fernsehen und liest es in alten islamischen Texten. Die meisten benutzen die Floskeln allerdings nur gelegentlich. Die Salafisten hingegen betreiben es exzessiv, ja geradezu penetrant. Manche Gespräche, die ins Internet gestellt werden, sind kaum noch zu verstehen vor lauter Floskeln. Dieses Verhalten soll nicht nur die tiefe Gläubigkeit im Gegensatz zu anderen Menschen signalisieren, sondern auch eine gewisse religiöse Autorität zum Ausdruck bringen.

Die Mitläufer werden darauf eingeschworen, sich im Alltag genauso zu verhalten. Wer das nicht macht, wird schnell vorwurfsvoll angeschaut. Nach dem Motto: »Weißt du nicht, was sich gehört? Was bist du für ein Gläubiger? Zeig mal ein bisschen Respekt.« Meist wirkt aber ein Automatismus. Wenn die Gesprächspartner dauernd so reden, passt man sich bald an.

Ähnlich wie bei der Kleidung übernimmt Sprache hier sowohl gemeinschaftsstiftende als auch abgrenzende Funktionen. Man erkennt sich sehr schnell als seinesgleichen, wenn so viele Redewendungen benutzt werden, aber für Außenstehende wird man ebenfalls schnell als anders erkennbar. Und zugleich drückt man seine Ablehnung der hiesigen Gesellschaft und des hiesigen Wertesystems aus. Man möchte sich nicht nur geistig-moralisch, sondern sowohl durch Sprache als auch durch Kleidung hör- und sichtbar vom Rest der Welt abheben.

In ihrer neuen Gemeinschaft wird den Jugendlichen sukzessive ein sehr reduziertes Weltbild nahegebracht, ein Schwarz-Weiß-Schema. Die Welt wird in Gut und Böse eingeteilt, Taten werden nur noch nach erlaubten und verbotenen, Menschen nach Freund oder Feind unterschieden – weil ja auch Gott aus Sicht der Salafisten nur Gut und Böse kennt: die absolute Legitimation für diese Sichtweise, für dieses Menschenbild, für diese ihrer Meinung nach einzige Wahrheit.

Gerade junge Muslime, die in ihrem Glauben noch nicht gefestigt sind, vielleicht auch erst konvertiert sind, lassen sich leicht einschüchtern, wenn sie sich erst einmal auf die religiöse Indoktrinierung eingelassen haben. Wenn ihnen gesagt wird, dass Gott Zeuge sei für das, was die Salafisten predigen, Zeuge dafür, dass das, was man da gerade gesagt habe, die Wahrheit sei, und dass alle verpflichtet seien, in den Kampf, den Dschihad, zu ziehen, wagen viele von ihnen nicht zu widersprechen.

Doch vielen Jugendlichen, die komplexe weltanschauliche und religiöse Fragen überfordern, sind die Antworten, die die Salafisten geben, ihre klare Positionierung, sogar sehr willkommen. Es gibt unmissverständliche Aussagen. Die Salafisten geben den Jugendlichen genaue Anweisungen, wie sie richtig zu leben haben: »Du musst fünfmal am Tag beten, ich zeig dir, wie. Du musst rituell rein sein, wenn du den Koran berührst, ich zeig dir, wie du das machst.« Andere sagen den Jugendlichen, wie sie die Welt zu verstehen haben. Die Salafisten senden kleine, einfache Botschaften in einer immer komplexeren Welt. Dabei wird den Jugendlichen eine sehr ketzerische »Wahrheit« nahegelegt: »In diesem ganzen westlichen Chaos, in dem der Individualismus so hochgepriesen wird und die Gemeinschaft nichts mehr zählt, können wir dir sagen, dass die Gemeinschaft sehr wohl etwas zählt. Und wir zeigen es dir. Wir können dir sagen, dass es gute und schlechte Menschen gibt. Die besten aber sind wir: die Muslime! Willst du dazugehören?« Orientierungslose Jugendliche sehen in diesen Botschaften ihre Sehnsucht danach gestillt, Antworten zu bekommen.

Innerhalb der Salafistengruppe gibt es immer einen Führer oder eine Leitfigur, an deren »korrekter« Auslegung der religiösen Normen sich die anderen orientieren. Diese Leitfiguren müssen nicht zwangsläufig die »Frömmsten« oder diejenigen mit dem umfassendsten Wissen sein. Es sind jene Salafistenprediger, denen es gelingt, durch ihr Auftreten die meisten Leute hinter sich zu versammeln. Im Grunde ist es schlicht eine Frage von Macht, Ausstrahlung und Ansehen und weniger von Kenntnissen. Bewusst oder unbewusst erleben die neuen Mitglieder, dass sie sich an die Anweisungen

75

bestimmter Leute halten sollen. Alles, was davon abweicht, gilt als falsch, sogar als feindlich. Auch innerhalb der Salafistenszene gibt es heftige Konflikte und Differenzen zwischen den unterschiedlichen Strömungen. Es geht in der Regel darum, wer als »wahrer Muslime« anzusehen ist, und wer verketzert werden soll. Die Vorstellung, dass die Salafistenszene eine homogene Gruppe sei, trifft in keiner Weise zu. Die internen Auseinandersetzungen sorgen zusätzlich dafür, dass die einzelnen Wortführer versuchen, ihre »Schäfchen« an sich zu binden.

In Salafistengruppen besteht ein gewisser sportlicher Ehrgeiz, der Jugendliche motivieren und ihre Entschlossenheit verstärken kann. Sie beginnen, eine Art Glaubenswettbewerb auszutragen, nach dem Motto: »Ich bin der Frömmste unter uns allen.« Eine »Sportart« ist zum Beispiel: Wer kann die meisten Hadithe und Koranverse auswendig rezitieren? Wer betet über die fünf täglichen Pflichtgebete hinaus am intensivsten die zusätzlichen freiwilligen Gebete? Wer findet sich am frühesten vor den festgelegten Gebetszeiten am Gebetsplatz ein? Aber auch an jedem Wochenende zu missionieren und den Koran zu verteilen, gilt als Zeichen, besonders gläubig, besonders engagiert, besonders gut zu sein.

Diese Form der Gruppendynamik, dieses gegenseitige Sichanfeuern, der Beste dieser »besseren Menschen« zu sein, treibt die Isolation gegenüber der nicht salafistischen Welt weiter voran. Das Verhalten der Jugendlichen gleitet in einen Wahn ab. Je klarer sie sich abgrenzen von der nicht salafistischen Welt, desto sicherer und stärker fühlen sie sich untereinander.

Der gezielte Zugriff der Salafisten auf die Seelen dieser jungen Menschen treibt die Isolation am Ende so weit, dass die Beurteilung des gesamten Weltgeschehens nur noch durch die eigenen Wortführer und Vordenker respektiert wird. Alles andere, alles, was Medien in Deutschland an Informationen über die Gefahren des Salafismus melden, wird ausgeklammert. Warnungen vor der Brutalität der Terrororganisation IS, Berichte von Enthauptungen und anderen Gräueltaten – all das entfaltet keine Wirkung mehr. Wer in der Szene steckt, lehnt Wertung von außen ab. Alles, was Kritiker sagen, ist aus salafistischer Sicht ein teuflischer Versuch, »wahre Gläubige« von ihrem Weg abzubringen, und schlicht Lüge. Und alles, was Lüge ist, darf und muss bekämpft werden. Das eigenständige Denken der Jugendlichen wird »ausgeschaltet«. Die Salafisten nötigen sie dazu, ihre Taten nicht zu reflektieren. Den Jugendlichen wird eine Art Resistenz gegen zweifelnde – innere wie äußere – Stimmen anerzogen. Jedes wiederaufflammende eigenständige Denken besonders im Hinblick auf Religion wird sofort registriert und im Keim erstickt. Wer sowieso schon aus einem familiären oder sozialen Umfeld stammt, in dem das selbstständige Denken in theologischen Fragen nicht gefördert worden ist, wird sich vielleicht nicht einmal darüber wundern, dass nun einzelne Salafisten die Deutungshoheit für sich beanspruchen.

Radikalisierung und Gewalt

Mit der Beschreibung der Methoden und Umstände, die dazu führen, dass Jugendliche in den Salafismus geraten, ist noch nicht erklärt, weshalb diese Jugendlichen dann innerhalb kürzester Zeit auch extrem gewaltbereit sind, mehr noch: zum Töten bereit. Dies ist eine Form der Radikalisierung, die meist dann einsetzt, wenn die Jugendlichen in ihrer salafistischen Haltung bereits gefestigt sind.

Wenn die Vermittlung der auf Gut und Böse, Freund und Feind reduzierten Weltsicht erfolgreich war, versuchen die Salafisten, das Gewaltpotenzial der Jugendlichen zu aktivieren. Dieses haben sie natürlich von Anfang an im Blick. In der Regel wissen Salafisten sehr gut, welche der Jugendlichen gewaltbereit sind und welche nicht. Manche wurden sogar gezielt rekrutiert, wenn bekannt war, dass sie schon gewalttätig geworden waren.

Für die militanten Salafisten ist Gewalt grundsätzlich das wirksamste Mittel gegen das »Unrecht«, das von der nicht salafistischen Welt ausgeht. Gottes Gerechtigkeit auf Erden darf durch Gewalt hergestellt werden, so erlaubt es nach salafistischem Verständnis der Koran. Die Salafisten beziehen sich hier auf die Suren, missbrauchen Verse zur Rechtfertigung ihres fanatischen und grausamen Vorgehens.

Ja: Der Koran enthält mehrere Passagen, in denen Gewalt eine Rolle spielt, ja, in denen auch zu Gewalt aufgerufen wird. Das kann und darf man nicht von der Hand weisen. Doch Gewalt gibt es auch in anderen religiösen Schriften – und nicht nur dort. Der Mensch hat immer wieder zu Gewalt gegriffen und wird es auch in Zukunft tun – egal, ob er religiös ist oder nicht, ob christlich, muslimisch, buddhistisch, atheistisch oder sonst etwas. Die meisten Menschen, die Gewalt anwenden, fragen weder vorher noch nachher, ob sie das denn tun dürfen. Sie fragen erst recht keine alten Bücher. Die Salafisten hingegen machen sich die entsprechenden Teile des Koran zu eigen und verweisen auf die Worte, in denen es heißt, dass Muslime die Ungerechten bekämpfen müssten. Die Ungerechten seien verflucht, und auch Muhammad habe Ungerechte bekämpft. Basta. Damit wird das Thema nicht weiter hinterfragt.

Gewalt, das zeigt die ganze Menschheitsgeschichte, gehört anscheinend zur Natur des Menschen dazu. Der Islam ist hier vielleicht realistischer als andere Religionen, indem er Gewalt von vornherein akzeptiert. Aber, das große Aber, das die Dschihadisten immer vergessen, besteht darin, dass die Religion des Islam der Gewalt bereits frühzeitig klare Grenzen gesetzt hat. Von Anfang an lässt sich ein Bemühen islamischer Rechtsgelehrter erkennen, Gewalt einzudämmen, Regeln für die Gewaltausübung aufzustellen. Und dabei muss man bedenken, dass Gewalt in der Lebenswirklichkeit des 7. Jahrhunderts etwas Selbstverständliches war. Das ist nicht vergleichbar etwa mit unserem Leben im heutigen Deutschland, wo Gewalt glücklicherweise nur noch im Zusammenhang mit einzelnen Verbrechen auftritt. Das schlimmere Vergehen auf der Arabischen Halbinsel zur Zeit des Propheten war nicht etwa, einen Feind zu töten, sondern die Palmen des Feindes zu fällen. Das kann man nur nachvollziehen, wenn man schon einmal in der Wüste gelebt hat und um die dortige Bedeutung von Wasser und Nahrung weiß.

Schon in der Frühzeit des Islam haben sich Gelehrte mit den Fragen der Gewalt beschäftigt. Fast einhellig kamen sie zur Erkenntnis, dass Gewalt im Verteidigungsfall angewendet werden darf. Viele Gelehrte kamen allerdings auch zu der Erkenntnis, dass Gewalt ebenso in anderen Situationen angewendet werden darf. Also zur Aggression. Das darf man nicht verschweigen. Im Lauf der Jahrhunderte wurde die Frage, ob oder wie man aktiv zur Gewalt greifen darf, etwa um das beherrschte Territorium zu vergrößern, allerdings wesentlich kontroverser diskutiert. Im ersten Jahrhundert des Islam stellte sich die Frage noch niemand ernsthaft. Die junge muslimische Gemeinde expandierte rasend schnell bis zum Hindukusch und zu den Pyrenäen. Nachdem diese Eroberungswelle im 8. Jahrhundert weitgehend zum Erliegen kam, setzte die Konsolidierungsphase des islamischen »Kalifats« ein, so hieß das neue Reich. Ab da begannen die Muslime, sich mehr und mehr Gedanken über Theologie und Rechtslehre zu machen. Einige Muslime sprachen sich gegen aktive Gewalt aus, andere werteten aktive Gewalt nur eingeschränkt als legitimiert, und wieder andere sahen sie als verpflichtend für jeden kampftauglichen Muslim an. Auf letztere Positionen beziehen sich heutige Dschihadisten, wenn sie ihre Angriffe religiös begründen wollen. Jedoch bildeten Angriffskriege in der Geschichte des Islam die Ausnahme. So breitete sich zum Beispiel der Islam in Pakistan, Indien, China, Indonesien etc. – also exakt dort, wo auch heute noch die meisten Muslime auf der Welt leben – in erster Linie über Kaufleute, Sufis und Prediger aus, nicht mehr durch das Schwert. Dass die gewaltsame Ausbreitung der Religion später nur noch selten vorkam – zum Beispiel im 17. Jahrhundert in der Stoßrichtung Europa/Wien, auch wenn das mehr der osmanischen Begeisterung fürs Militärische als der Religion geschuldet ist –, liegt eben auch an diesem entscheidenden Vorteil des Islam, den andere Religionen so nicht haben: Er kanalisiert Gewalt, indem er sie zwar nicht völlig negiert, ihr aber gleichzeitig einen festen und strengen Rahmen setzt, in dem sie angewandt werden und eine Rolle spielen darf. Und das gilt einhellig für alle Formen der Gewaltanwendung – ob zur Verteidigung oder zum Angriff. Das islamische Recht verbietet bestimmte Formen der Gewalt, schreibt vor, wann jemand angegriffen werden darf, wann nicht, wie jemand angegriffen werden darf, wie nicht, wer angegriffen werden darf, wer nicht. Das islamische Gesetz enthält Vorschriften, wer an einem Krieg teilnehmen darf, wer nicht. Es schließt zum Beispiel bestimmte Personengruppen wie Kinder und Frauen und ältere und geistig behinderte Menschen aus. Genau genommen, stellt das islamische Recht so viele Bedingungen und Regeln für den Kampf auf, dass sich jeder preußische General die

Haare gerauft hätte. Die islamische Theologie war stets darum bemüht, etwaigen Gewaltexzessen vorzubeugen – wovon zahlreiche klassische Texte und ausführliche Buchbände zeugen. Die geringer geschätzte Bedeutung der kämpferischen Variante des Dschihad kommt schließlich in dem Begriff der »kleine Dschihad« zum Ausdruck. In der Geschichte der islamischen Welt wurde der Dschihad weitgehend zur Randnotiz. Er wurde nicht ansatzweise so hervorgehoben, wie die Kreuzzüge in der abendländischen Geschichte. Dass wir das heute so völlig anders empfinden, ist eine relativ neue Entwicklung der vergangenen Jahrzehnte, also eines Wimpernschlags, gemessen an der mehr als 1400-jährigen Geschichte des Islam. Aber wer kennt schon die islamische (Religions-)Geschichte? Wir beziehen unser Islambild fast ausschließlich aus dem Durchbruch des Islamismus nach der Iranischen Revolution 1979. Und mit »wir« sind Nichtmuslime, aber auch ein Großteil aller Muslime gemeint. Der moderne Islamismus hat die klassisch-islamische Rechtslehre über den kleinen Dschihad pervertiert. Weder einen Osama bin Laden noch einen selbst ernannten IS-Kalifen interessiert die klassische Lehre wirklich.

Ethisch gibt es damals wie heute einen großen Unterschied, ob man Gewalt in völliger Willkür und ohne jegliches Reglement anwendet oder ob man nur unter bestimmten Voraussetzungen Gewalt anwendet. Auch im Abendland ist dieser Gedanke aufgegriffen worden – allerdings erst im 19. Jahrhundert auf den Schlachtfeldern von Solferino, sprich mehr als 1000 Jahre später.

In der vorherrschenden Lehre des Islam spielten schon immer Kontext und Historie eines Ereignisses, das im Koran beschrieben wird, eine zentrale Rolle. Es hat sich eine eigene Literaturgattung herausgebildet, die der »Offenbarungsanlässe«. Das sind Erzählungen über Hintergründe eines offenbarten Koranverses. Man hat bereits früh damit begonnen, Überlegungen anzustellen, in welcher Situation sich der Prophet befunden haben muss, um diese oder jene Verse so von Gott zu erhalten. Wir würden heute von einer kontextuellen und historisierenden Lesart des Koran sprechen. In gewisser Form ist also die so häufig von der öffentlichen Meinung geforderte historisch-kritische Herangehensweise an den Koran schon längst seit den frühen Anfängen im Islam angelegt. Die Offenbarungsanlässe waren und sind bis heute maßgeblich für das Verständnis der Koranverse. Gerade die Gewaltpassagen kann man nicht aus ihrem Kontext herauslösen und als wahl- und zeitlos übertragbar ansehen. Wenn also im Koran steht: »Dann tötet die Heiden, wo (immer) ihr sie findet, greift sie, umzingelt sie und lauert ihnen überall auf!«, dann ist das keine zeitlos gültige, in die Gegenwart übertragbare Aufforderung, sondern lediglich die Schilderung einer konkreten Situation im frühen 7. Jahrhundert, in der Mohammeds Gemeinde kriegerische Auseinandersetzungen mit ihren Gegnern führte. Und wenn man sich noch einmal vor Augen führt, dass Gewalt im 7. Jahrhundert auf der Arabischen Halbinsel eine völlig andere Rolle spielte als heute, Gewalt als Konfliktlösung anders als heute selbstverständlich war, dann wird man diese alten Verse auch nicht an unserer heutigen Moral in Deutschland messen. Deshalb ist es sehr fragwürdig und in höchstem Maße unsinnig, Koranpassagen, die man über ein Jahrtausend später liest, aus dem geschichtlichen Zusammenhang zu reißen und zu versuchen, sie mit unserer heutigen Lebenswirklichkeit zu verknüpfen und darin einzubringen. Genau das wird berücksichtigt bei der historisierend-kontextualisierenden Herangehensweise an den Koran, und genau das lehnen die Salafisten ab.

Sie sind dafür bekannt, solche historischen und biografischen Umstände nicht zu berücksichtigen. Sie wollen oder können nicht einsehen, dass man genauso wenig heute erklären kann, wie die Welt im Jahr 3414 funktionieren wird. Gewiss hat der Prophet Mohammed die beste Weisung für die Muslime gegeben – aber natürlich in erster Linie für die Muslime seines Zeitalters, die seine Worte genau verstanden haben. Wenn der Prophet Krieg führte gegen verfeindete Stämme, dann hat er das unter den Umständen seiner Zeit getan. Den Salafisten ist das egal. Ihnen geht es darum, dem Leben des Propheten nachzueifern. Sie klammern den Zeitfaktor einfach aus und berufen sich auf das Islamverständnis der ersten drei Nachfolgegenerationen und das des Propheten. Was das islamische Recht oder die islamische Theologie nach diesen drei Generationen entwickelt hat, lehnen sie als unzulässige Neuerung vollständig ab. Dieses Schlagwort der »Neuerung« – auf Arabisch *bid'a,* im Sinne von Verfälschung – ist der zentrale Aspekt aller fundamentalistischen Strömungen im Islam. Von dem Vorwurf der »Neuerung« ausgenommen, sind freilich diejenigen Gelehrten, die die Sicht der Salafisten stützen

Mit der Überzeugung, einen »gerechten« Krieg zu führen, sprechen die Salafisten all diejenigen an, die sich ungerecht behandelt fühlen von der Gesellschaft, der sie die Schuld geben an sozialen Nachteilen, oder von der Familie (hier geht es dann um sehr persönliche, oft besonders heftige Emotionen). Wer sich ungerecht behandelt fühlt, darf unter der Flagge des Dschihad zum ersten Mal in seinem Leben gestärkt anderen entgegentreten und mit »legitimierter« Gewalt für vermeintliche Gerechtigkeit sorgen. Die Salafisten ermöglichen es scheinbar, aus Ungerechtigkeit Gerechtigkeit zu machen. Die Bösen zu bestrafen. Dabei reagieren die Jugendlichen ihren Frust ab. Besonders diejenigen, die schon vorher mit Gewalt ihre eigenen Probleme kompensiert haben – vielleicht auch am eigenen Leib Gewalt erfahren haben –, entladen ungebremst und ungehemmt ihre Aggressionen. Durch Aussagen mancher junger Rekruten, die sich den Dschihadisten angeschlossen haben, ist bekannt, dass einige wirklich der Gedanke gelockt hat, den eigenen Gewaltphantasien, der eigenen Wut und den eigenen Rachegelüsten freien Lauf lassen zu können. Völlig ungefährdet von Recht und Gesetz mit einem anderen Menschen machen zu können, was man will. Ihn zu verprügeln, ihn zu quälen, ihn auch einfach zu töten. Sich eine Frau zu nehmen, wie man will. Und sich am Hab und Gut der Opfer zu bereichern. Keine

Polizei, keine Strafverfolger, keine Eltern, die einen aufhalten.

Hoch ist die Gewaltbereitschaft bei Jugendlichen, die sich selbst struktureller Gewalt durch den Staat ausgesetzt sehen. Was für viele Bürgerinnen und Bürger nicht vorstellbar ist, weil sie diese Ausgrenzung und Stigmatisierung in der Regel nicht erleben, ist für einige der Jugendlichen mit Migrationshintergrund in Deutschland leider eine fast alltägliche Erfahrung. Diejenigen, die solche Erfahrungen nicht durch psychische Stärke oder ein belastbares soziales Netz auffangen können, kompensieren ihre negativen Erfahrungen, ihre Unzufriedenheit und Ohnmachtsgefühle nicht selten mit einem gezielten Faustschlag.

Der politische Salafismus bietet ihnen ja schon grundsätzlich die Möglichkeit, ihrerseits andere Menschen abzuwerten, zu diskriminieren, darunter sogar genau diejenigen, von denen sie sich vorher selbst diskriminiert gefühlt haben: Mit was kann man die deutsche Gesellschaft als Migrant oder als Kind von Einwanderern heute stärker schockieren und provozieren als mit Salafismus? Und bei den dschihadistischen Salafisten darf man die verhassten »Feinde des Islam« sogar auch noch »legitimerweise« selbst bestrafen.

Das Anschauungsmaterial zu solchen »gerechten Bestrafungen« liefern Videos von bereits ausgeübten Gräueltaten der Terroristen. Hierin werden quasi die Narrative von Muslimen als Opfern fremder Mächte ins Gegenteil verkehrt. Einen Teil dieser Bilder kennen auch wir. Diese Videos, meist aus Syrien, zeigen oder deuten Situationen an, in denen Frauen und selbst Kinder missbraucht, vergewaltigt oder getötet werden. Sie zeigen Folterungen, Demütigungen aller Art. Sie zeigen bestialische Enthauptungen, immer unter den Rufen »*allahu akbar*« – »Gott ist der Größte«. Es gibt Untertitel oder einen Sprecher, der erklärt, dass die Opfer dieser unfassbaren Taten ungläubige, böse Menschen gewesen seien, denen man jetzt mit Gerechtigkeit entgegentreten sei – so, wie Gott es wolle.

Das geht mit einer Entmenschlichung der Gegner einher. Diese Entmenschlichung ist ein wichtiges Instrument sowohl der Propaganda als auch der Manipulationstechniken. Die Feinde der Salafisten werden nicht mehr als einem Menschen gleichwertig dargestellt. Die Täter erleichtern sich dadurch das Gewissen, wenn man so will. Sie sehen keine Notwendigkeit mehr, menschlich mit Nichtsalafisten umzugehen. Nach erfolgreicher Gehirnwäsche sind das in ihren Augen nur noch Personifizierungen des Bösen in einer zwar menschenähnlichen, aber seelenlosen Hülle, und daher wie Gegenstände oder Tiere zu betrachten. Das verdeutlichen Beschimpfungen und herabwürdigende Äußerungen. Der erste Schritt zur dieser Entmenschlichung erfolgt durch die Verwendung der Begriffe *kāfir* oder *kufr*. Sie werden gemeinhin mit »Ungläubiger« *(kāfir)* beziehungsweise »Unglaube« *(kufr)* übersetzt. Im Arabischen ist ihre Bedeutung, wie so häufig, viel differenzierter: Ursprünglich war mit dem Wort unter anderem »Undankbarkeit« gemeint. Im heutigen Sprachgebrauch bezeichnen Muslime mit *kāfir* (Plural *kuffār*) gemeinhin Leute, die nicht an den Islam glauben, beziehungsweise Feinde jener Lehre Gottes, die über den Propheten Muhammad an die Menschen weitergegeben wurde. Salafisten bedienen sich dieser Worte exzessiv. Jemanden für »ungläubig« zu erklären – der arabische Ausdruck dafür lautet *takfīr* – ist ein weiterer zentraler Aspekt des Salafismus. Dieser Takfirismus beziehungweise die Frage, wer Muslim ist und wer nicht, macht auch vor Gegnern in den eigenen Reihen keinen Halt. Der Umgang mit dem Tafkir gilt als eines der zentralen Konfliktfelder unter den Salafisten. Sie streiten sich sogar darüber, ob jemand, der einen *kāfir* nicht zum *kāfir* erklärt, automatisch auch zum *kāfir* wird – sie nennen das »Kettentakfir«. Für die nicht gewaltbereiten Salafisten ist *kāfir* lediglich eine verbale Abgrenzung zu ihrer Umwelt. Für die gewaltbereiten Salafisten geht es zusätzlich darum, kein Mitleid mit »ungläubigen« Opfern aufkommen zu lassen und unbarmherziges Verhalten ihnen gegenüber vermeintlich religiös zu legitimieren.

Wer sich um eine sachliche Sichtweise der Problematik bemühen will, wird nicht um die Einsicht herumkommen, dass die grausamen Taten und die Massaker des IS weder einzigartig noch gänzlich neu sind. Wir alle wissen von solchen Mechanismen, die aus gewöhnlichen Menschen gewaltbereite Bestien machen. Man muss dabei nicht zwangsläufig an die Vernichtungslager im Zweiten Weltkrieg denken, wo der nette Arbeitskollege oder der zuvorkommende Vereinskamerad plötzlich Abscheulichstes taten, denn die Umstände dieser industriellen Massenvernichtung waren gänzlich andere, die Ausmaße unvergleichbar. Und doch lässt sich das Prinzip auch hier erkennen. Aber wie gesagt, man muss nicht so weit zurückgehen in der Geschichte. Auch nach 1945 dürfen sich die Menschen nicht als geläutert betrachten – das gilt auch für jene aus dem Westen: Im Vietnamkrieg zum Beispiel ließen sich US-Soldaten mit Körperteilen ihrer Gegner fotografieren. In den Siebzigerjahren wüteten die Roten Khmer in Kambodscha. 1994 wurden beim Völkermord in Ruanda fast eine Million Menschen vom Volksstamm der Tutsi abgeschlachtet, und ein Jahr später verübten bosnische Serben das Massaker von Srebrenica. Tagtäglich lassen sich auch heute brutalste Verhaltensweisen an den Konfliktherden dieser Welt, insbesondere in Afrika, beobachten. Im Ostkongo werden bestialische Verbrechen begangen – vor allem an Frauen und Mädchen. Ärzte wie der mit international höchst renommierten Preisen überhäufte Gynäkologe Denis Mukwege, scheuen sich, in diesen Fällen von Vergewaltigungen zu sprechen – sie empfinden das als beschönigend und reden von Sexualterror. Und es ließen sich weitere ungeheuerliche Massaker und Bluttaten aufzählen – in den unterschiedlichsten Kulturen und Religionen.

Dass jeder Mensch extreme Gewalt ausüben kann, belegen auch diverse Studien von Wissenschaftlern wie etwa dem britischen Neurologen und Psychologen Ian Robertson. Demnach werden vor allem Menschen zu Tätern, die selbst einmal Opfer von Gewalt waren. Rachegelüste spielen häufig eine Rolle. In Situationen, wo die

Staatsgewalt durch (Bürger-)Kriegswirren wegfällt wie in Syrien, leben die Menschen in Furcht und Sorge. Die Bevölkerung zerfällt dann automatisch in verschiedene Gruppen, die der Krieg jeweils zusammenschweißt. Die Gruppe gibt Sicherheit und Schutz. Es entstehen rauschähnliche Gefühlszustände, bestimmte Hormone werden freigesetzt, die aggressives Verhalten steigern. Mit der Zugehörigkeit zu einer Gruppe geht automatisch die Abwertung der anderen einher. Außenstehende werden dämonisiert. Die Hemmschwelle für Gewalt sinkt mit dem Wegfall der staatlichen Ordnung rapide. Wenn dann die Anführer befehlen, über jemanden herzufallen, gilt nicht mehr die individuelle Moralvorstellung, sondern nur noch die Gruppenmoral – und die wird vom Anführer bestimmt. Bei Dschihadisten kommt das Gruppengefühl dazu, das sie erleben, wenn sie sich einreden, gemeinsam für Gott zu kämpfen, für die »gerechte« Sache, und dabei weder Feind noch Tod zu fürchten.

Greift der Nebenmann zur Waffe und schießt, kann man kaum untätig danebenstehen. Im Kampf wird man gezwungen mitzuziehen – oder man wird selbst zum Opfer. Das ist selbstverständlich keine Entschuldigung für die verübten Taten. Es ist lediglich Teil einer Erklärung für die Mitwirkung an abscheulichen Verbrechen. Sicherlich hat kaum ein junger Mann vor der Reise in den Dschihad gedacht, dass er einmal dazu in der Lage sein würde, einem zwölfjährigen Mädchen den Kopf mit einem Messer abzutrennen – Gewaltphantasien hin oder her.

Die IS-Terroristen leiten die Verrohung aber schon lange vor dem Einsatz im Kriegsgebiet ein – und zwar mit ihrer Medienstrategie, Fotos und Videos ihrer Gräueltaten weltweit zu verbreiten. Wer im Internet immer wieder solche bestialischen Szenen sieht, sich immer wieder zerstückelte Leichen anschaut, der wird mit der Zeit abstumpfen. Dem werden solche Bilder nicht mehr den gleichen Schrecken bereiten wie beim erstmaligen Anschauen. Das ist die große Gefahr bei all diesen Videos, die sich kinderleicht im Netz finden lassen. Unsere Gesetze werden die Verbreitung solcher Videos nicht stoppen können. Wenn eine Website gesperrt wird, wird woanders eine neue ins Netz gestellt. Die Täter finden immer einen Weg.

Parallel zu dieser Gräuelpropaganda in Bezug auf die Feinde wird in den Köpfen mutmaßlicher Rekruten eine Art Bruch herbeigeführt. Eine ganz andere »Wirklichkeit« wird vermittelt, nämlich die aufregende und tolle unter den Dschihadisten. Propagandistische Videos zeigen stolze Kämpfer, unterlegt mit islamischen Gesängen. Es herrscht eine euphorische Stimmung unter den Kriegern, die sich alle dafür loben und feiern, dass sie endlich Gottes Werk ausführen können, dass sie der Verkommenheit des Westens entgangen sind, in dem sie sich so schlecht behandelt gefühlt haben. Man sieht junge Dschihadisten, die in den Bergen eine Schneeballschlacht machen. Das mutet eher wie eine Ferienfreizeit an. »Wir haben hier Spaß«, rufen junge Deutsche in die Kamera. In anderen Aufnahmen knien sie vor einem Wasserfall und benetzen sich mit dem kühlen, reinen Nass. Eine absolute Pervertierung der Realitäten.

Diese Darstellungsweise lässt sich unter den Begriff »Dschihad-Romantik« fassen. Den Jugendlichen wird eine geschönte Vorstellung vom Krieg vermittelt, in Verbindung mit einer Märtyrerromantik. Die Salafisten fragen: Was könnte denn schlimmstenfalls passieren? Man stirbt. Und wird zum Märtyrer. Das ist ihrem Verständnis nach der Weg ins Paradies. Und nicht nur das: Der Märtyrer bekommt zudem 72 Jungfrauen und wird ewig an der Seite Gottes leben. Ist die innere Überzeugung, der Glaube an den gerechten Krieg, der Märtyrerglaube, stark genug, wird der Tod für die Jugendlichen zur höchsten Stufe ihres erhofften Heldentums.

Der Deutschlandfunk hat in einem Beitrag vom 19. September 2014 die sehr eindrückliche Schilderung eines jungen Dinslakeners gesendet, die ein paar der Mechanismen noch einmal ganz gut beleuchtet.

Hakan: »Die haben immer schöne Sachen erzählt, nie über den Dschihad, über Hass, über Kriege, Hass gegen Amerika. Es wurden nur schöne Sachen erzählt. Aber nach diesen Gesprächen haben die immer jemand anderen geholt, suchen die Einzelne aus. Der hat die Eier dafür. Dann reden die mit dem, führen Einzelgespräche, gehen mit denen raus, gehen essen, trinken, gehen Eis essen und sehen: Boah, ich krieg nur Gutes von denen. Und dann wurde langsam über die Kriege gesprochen.«

Reporter: »Warum hast du überlegt dahinzugehen?«

Hakan: »Diese Gespräche, die haben einem immer weh-
getan, und die haben immer Videos gezeigt von getöteten Kindern, wie man Kinder getötet hat, wie man
schwangeren Frauen einfach in den Bauch geschnitten
hat und das Kind rausgeholt hat. Die haben immer ein
paar Videos auch gesehen gehabt. Und dann die Predigten, und dann hat man irgendwann gedacht: Die haben doch recht. Wie kannst du hier schlafen, wenn da
drüben Kinder getötet werden?«

5
Im Dschihad – angekommen?

Videos von Kämpfern in Syrien sind schon ziemlich eindrücklich. Aber authentischer und noch eindringlicher sind persönliche Berichte. Zur kämpferischen Motivation kommunizieren gewaltbereite Salafisten deshalb gerne mit Dschihadisten, die aus eigener Erfahrung erzählen können, wie angeblich unschuldige muslimische Frauen, Kinder und Greise von »Ungläubigen« misshandelt und umgebracht werden. Dass es unbedingt nötig sei, hier für die gute Sache zu kämpfen, den sogenannten »Islamischen Staat« zu unterstützen. Syrienfahrer berichten selbst noch anschaulicher, wie wunderbar anders das Leben im »Islamischen Staat« sei. Dass man sich dort wie ein neugeborener Mensch fühlen dürfe, sich endlich nicht mehr minderwertig vorkommen müsse. Solche Erzählungen von »Brüdern und Schwestern« verstärken die Sogwirkung.

So hoffen die früheren Opfer unserer Gesellschaft, bald auf der anderen Seite zu stehen, nämlich auf der

Seite des »Guten« – und auf der Seite der Macht. Für manche dieser radikalisierten Jugendlichen, die sich in Deutschland weitgehend ohne Perspektive wähnen, ist das alles, was zählt.

Konvertiten und Rekruten

Salafisten kann man eigentlich allesamt als Konvertiten bezeichnen. Auch jene, die in eine muslimische Familie hineingeboren wurden, haben ein Erweckungserlebnis, bevor sie in die Salafistenszene abtauchen. Trotzdem ist der Fall bei Konvertiten, die erst zum Islam und dann zum Salafismus kommen, doch noch etwas anders gelagert. Insbesondere wenn sie sich am Ende als Rekruten den Dschihadisten anschließen, haben sie für die Szene eine herausstechende Rolle, weil sie sich freiwillig dafür entschieden haben, dem Westen, der ihnen viele Freiheiten bietet, den Rücken zu kehren, nach Syrien zu gehen, »für Gott zu kämpfen und zu sterben«. Was könnte die Macht des Salafismus besser widerspiegeln, als dass er unterschiedliche Menschen aus allen Herren Ländern anzieht – so lautet die Lesart der Extremisten. Dafür bekommen sie von den eingefleischten Kämpfern vor Ort vordergründig großen Respekt gezollt. Letztlich aber machen sich die kampferprobten Söldner, die das Sagen haben und schon seit einem Jahrzehnt Erfahrungen in Tschetschenien, Afghanistan oder dem Irak sammeln, über die Milchbubis aus Europa lustig. Diese Halbstarken, die vielleicht noch niemals eine Waffe in der Hand gehalten haben, sind in der Regel für den Kampf nicht zu gebrauchen. Der *Spiegel* vom 18. 11. 2014 notiert über einen deutschen Rückkehrer: »Und das Einzige, was einer wie [er] sagt, ist, dass er dort nicht nützlich gewesen, nie angekommen sei in dieser neuen Heimat, in der Ferne, bei den Brüdern.« Aus Sicht der Anführer unter den IS-Terroristen taugen solche Kampfbereiten allenfalls als Kanonenfutter oder als dumme Idioten, die man in ein Auto setzen kann, um sich als Selbstmordattentäter in die Luft zu sprengen. Die *Süddeutsche Zeitung* (15./16. 11. 2014) berichtet im Zusammenhang mit dem Fund von Dokumenten des IS im Irak: »In den Unterlagen fällt auf, dass zwischen der Einreise in den Irak und dem Tod der Freiwilligen oft nur eine Woche liegt. Selbstmordattentäter sprengen sich ebenso an der Front in die Luft wie auf den Märkten jener Städte, die bisher noch nicht vom IS besetzt sind. [...] Beim Bundesnachrichtendienst (BND) heißt es, die Kämpfer würden oft zum schnellen Mord durch Selbstmord gezwungen.« Aber Berichte über solche Tatsachen will vor der Reise nach Syrien natürlich niemand wahrhaben.

Zuhause in Deutschland sind Konvertiten den Salafisten ebenfalls willkommen, um dem Rest der Gesellschaft die Überlegenheit ihres Glaubens vor Augen zu führen. Auch deshalb spielt der Missionsgedanke – arabisch *da'wa* – eine ganz besondere Rolle. Konversionen von Nichtmuslimen werden bei den Salafisten groß gefeiert und propagandistisch begleitet. Es gibt jede Menge Konversionsvideos, die die Salafisten stolz ins

Netz gestellt haben. Jeder Konvertit ist für sie auch ein Triumph über all die Skepsis und Widerstände in der Mehrheitsgesellschaft, gegenüber dem Islam im Allgemeinen und dem Salafismus im Speziellen. Und schließlich ist die Verbreitung von Konversionserzählungen ein effektives Mittel, um noch mehr Konvertiten zu bekommen.

Auf den ersten Blick ist der Islam trotz aller Interpretationsmöglichkeiten grundsätzlich eine Religion der klaren Ansagen. Es gibt nur einen Gott, und es gibt einen Menschen, den er als Siegel der Propheten auserwählt hat, um den Glauben abschließend zu verbreiten. Der Glaube an Gott manifestiert sich in unterschiedlichen Handlungen, die vom Prinzip her klar definiert sind, und durch Verbote, die ebenso klar definiert sein sollen. Es gibt das Gute auf der Erde, aber auch das Böse. So weit das bekannte Bild. Die Quellen der Religion bestimmen aber nicht nur die religiöse Praxis im Sinne einer Alltagsgestaltung, sondern sie leiten auch zu einem erfüllten spirituellen Leben an. Das ist weniger bekannt, sowohl unter Muslimen wie unter Nichtmuslimen. Diese Kombination von Spiritualität und Alltagspraxis ist aus meiner Sicht sehr ausgewogen und einzigartig. Der Islam beschreibt sich als Religion der Mitte und wird von den meisten Muslimen genauso aufgefasst und verstanden. Die Salafisten mit ihrer selektiven Herangehensweise blenden vieles davon einfach aus. Sie suchen sich nur das heraus, was in ihre Ideologie passt, was ihnen nützlich erscheint, und pochen bei den abgeleiteten Handlungsanweisungen auf die strikte Einhaltung. Genau diese simplifizierende Sicht ist aber für viele Menschen in einer im Zuge der Globalisierung und Digitalisierung immer komplexer werdenden und immer schwerer zu erklärenden Welt unheimlich attraktiv.

Weil sich Konvertiten bewusst für eine Religion entscheiden und nicht nur in diese hineingeboren werden, nehmen sie ihren Glauben in der Regel besonders ernst. Ein immer wieder zu beobachtender Reflex von Konvertiten ist dann der Übereifer bei der Einhaltung religiöser Gebote. Es zeigt sich ein Drang, der neuen Glaubensgemeinschaft zu beweisen, dass man es mit diesem Religionswechsel wirklich ernst meint: indem man offen zeigt, dass man regelmäßig betet, dass man sich strikt an die Gebetszeiten hält und auch die Zusatzgebete nicht auslässt – dass man außerhalb der Fastenzeit fastet. Frauen halten demonstrativ Abstand von Männern oder schlüpfen schon mal unter den Ganzkörperschleier. Bei der Frömmelei gibt es keine Grenze nach oben. Je länger der Bart ist, je weitreichender die Verschleierung, desto frommer muss der Gläubige wohl sein. Je öfter man Gott im Alltag erwähnt, desto mehr muss man wohl dem wahren Islam angehören. Was im Grunde für alle Salafisten gilt, gilt noch stärker für Konvertiten. Nicht umsonst eilt ihnen in allen Religionen häufig der Ruf voraus, Glaubenseiferer zu sein.

Konvertiten kommen mitunter auf verschlungenen Wegen zum Salafismus. Dem Entschluss gehen nicht immer reifliche Überlegungen voraus. Man kann bei

Konvertierungsvideos beobachten, dass junge Menschen bei salafistischen Veranstaltungen aus der Euphorie der gerade gemachten Gemeinschaftserfahrung heraus sich spontan zum Übertritt entscheiden. Plötzlich treten sie aus der Masse heraus, gehen nach vorne und bekennen ins Mikrofon der Prediger das islamische Glaubensbekenntnis: »Es gibt keinen Gott außer Gott, und Muhammad ist sein Prophet.« Der »freundliche« Prediger assistiert bei der arabischen Intonation der Worte – und damit ist die Sache erledigt. Manche der »neuen Geschwister« bekennen bei den anschließend zu Propagandazwecken durchgeführten Interviews sogar ganz offen, dass sie sich erst kurzfristig zu diesem Schritt entschieden hatten.

Manche Konvertiten schildern auch ihre anfängliche Unkenntnis darüber, dass auch der Islam ganz unterschiedliche Strömungen aufweist. Für sie gab es nur einen einzigen Islam, und sie hätten sich einfach *dem* Islam angeschlossen. Fundamentalismus, Konservatismus, Liberalismus, Sufismus und andere Richtungen innerhalb der Religion des Islam waren ihnen zuvor schlicht unbekannt.

Wenn nicht über Freunde oder Bekannte, wird das Interesse an einem neuen Glauben durch das Internet angestoßen. Gerade die fundamentalistischen Strömungen einer Religion sind häufig am besten vernetzt und verbreiten sich schnell, weil ihre Missionierungsarbeit besonders ausgeprägt ist. Wer bei Google nach Informationen zum Islam sucht, landet relativ schnell auf radikalen Seiten. Im Falle der Salafisten ist es so, dass bereits der zweite Eintrag der Google-Suche, der nicht zu Wikipedia oder zu journalistischen Artikeln der großen Medienhäuser führt, dem User die Salafistenwebsite »Die wahre Religion« anzeigt. Die Chancen sind also hoch, dass Menschen, die sich im Internet über den Islam informieren wollen, auf eine extreme Auslegung des Glaubens stoßen.

2012 sorgte eine Kampagne für großes Aufsehen in Deutschland. Ibrahim Abou-Nagie, ein deutsch-palästinensischer Salafisten-Prediger aus Köln, hatte sich dazu berufen gefühlt, kostenlos Koranübersetzungen in deutscher Sprache zu verteilen. Die Aktion nannte sich »Lies«. Das ist das Wort, das der Erzengel Gabriel zu Muhammad gesagt hat, und markiert den Beginn der Offenbarung des Koran. Manchen Philologen zufolge kommt *iqra* – so das arabische Wort – aus derselben sprachlichen Wurzel wie das Wort *Qur'an*, also »Koran«. Die »Lies«-Kampagne breitete sich über ganz Deutschland und darüber hinaus aus. In fast allen großen deutschen Städten bildeten sich kleine Gruppen, die sich tagsüber in die Fußgängerzonen stellten und die Korane austeilten. Und wenn jemand einen Koran entgegennimmt, ist das natürlich sogleich mit einem zumindest impliziten Hinweis verbunden, man möge sich doch bei eventuellen Fragen vertrauensvoll an die spendierfreudige Gruppe wenden. Diese Aktion wirkt zunächst einmal harmlos, und dennoch war sie ein entscheidender Schritt zur öffentlichen Wahrnehmung des Phänomens Salafismus in Deutschland. Sämtliche Medien berichteten darüber, Politiker zerbrachen sich die Köpfe, ob so etwas sein darf. Es ist weiß Gott kein Verbrechen, den Koran zu verteilen. Das Problem dahinter ist die Absicht der Missionierer. Ihr Versuch, insbesondere mit nicht-muslimischen Menschen in Kontakt zu kommen, um diese in die Salafistenszene zu locken. Laut Verfassungsschutz wurden mehrere Personen, die später zu Dschihadisten wurden, an diesen Ständen angeworben.

Viele Gruppierungen der salafistischen Szene werden von deutschen Konvertiten angeführt. Wichtige Kriterien für diese Vorbildrolle sind das richtige, also männliche Geschlecht, ein junges bis mittleres Erwachsenenalter sowie rhetorische Stärke. Das erhöht das Identifikationspotenzial für die Jugendlichen in diesem Land.

Um keine Missverständnisse aufkommen zu lassen: Die Konversion zum Islam ist per se nichts Anrüchiges oder gar Gefährliches. Wir müssen aufpassen, Konvertiten nicht automatisch zu Extremisten zu stempeln, die zwangsläufig auf dem Weg in den Heiligen Krieg sind. Bei den Diskussionen, die wir aktuell führen – zu denen auch dieses Buch beiträgt –, laufen wir womöglich Gefahr, hier vorschnell zu urteilen. Ich möchte es daher ganz klar sagen: Die Religion des Islam an sich ist keine Gefahr. Also ist es auch ein Übertritt zu dieser Religion nicht. Zur Gefahr wird der Glaube des Islam, wie übrigens jede Religion, erst dann, wenn seiner Ausübung soziale, politische oder psychische Krisen unmittelbar zugrunde liegen. Auch eine strenge Einhaltung der islamischen Glaubenspraxis stellt kein Problem dar. So wichtig es ist, den brandgefährlichen Salafismus, der ganze Gesellschaften mit Gefahren für Leib und Leben bedroht und Familien ins Unglück stürzt, schonungslos anzuprangern, so wichtig ist es auch, die vielen friedlichen Muslime vor Anfeindungen zu schützen. Der Islam hat ein großes Friedenspotenzial. Daran ändert auch nichts, dass uns in der öffentlichen Diskussion überwiegend die Seite der Gewalt vorgehalten wird, als stünde sie auch fernab der Medien überall im Vordergrund. Für die meisten Muslime, auch für die meisten Konvertiten, ist nicht der gewaltsame, sondern der friedliebende Anteil des Islam der eigentliche Grund zu glauben.

Aufmerksam muss man erst dann werden, wenn der neu angenommene Glaube dazu benutzt wird, andere abzuwerten, um sich selbst zu erhöhen. Das ist nach meiner Beobachtung der entscheidende Breaking Point. Wenn der Islam dazu hergenommen wird, die Welt ausschließlich in Gut und Böse, in Freund und Feind einzuteilen. Wenn er dafür missbraucht wird, Gewalt gegen Andersgläubige zu legitimieren oder zu verteidigen, spätestens dann muss man als Mutter, Vater, Lehrer oder Jugendarbeiter handeln.

Wenn betroffene Jugendliche erst einmal von der Ideologie der Salafisten gefangen und in die Gruppe integriert sind, ist der Ausstieg beinahe unmöglich. Man kennt diese Aussteigerproblematik bereits aus der Rechtsradikalenszene oder aus Sekten. Ein ähnlich massiver Gruppendruck entfaltet seine Wirkung, der nicht zulässt, dass die Neulinge ihre »Brüder« und

»Schwestern« wieder verlassen. Das ließe sich auch nicht mit ihrer Überzeugung vereinbaren, wonach alle anderen draußen »Feinde« sind. Ein Aussteiger würde im Moment seines Austretens natürlich ebenfalls zum Feind. Ein Austritt aus dieser Szene kann also folgenschwer sein. Ich kenne extreme Fälle, in denen einstige »Brüder« und »Schwestern« den Wohnort wechseln mussten. Ansonsten muss befürchtet werden, dass die Folgen das ganze weitere Leben stark beeinflussen, weil man sich nie mehr wirklich frei fühlt, frei von der Bedrohung, die von der Gruppe ausgeht. Mit hoher Wahrscheinlichkeit stehen Aussteiger zumindest für eine gewisse Zeit unter Beobachtung der Salafisten. Nach deren Religionsverständnis kommt ein Austritt aus der Gemeinschaft einem Abfall vom Islam gleich. Und nach Überzeugung der Salafisten steht auf den Abfall vom Islam die Todesstrafe – zumindest theoretisch, was heißt, dass jeder Salafist sich berufen fühlen könnte, den »Apostaten« zu töten. Glücklicherweise ist das in Deutschland eine weitgehend hypothetische Gefahr, weil Recht und Ordnung und staatliche Repressionen etwaige Hitzköpfe zumeist bremsen. Wie real das Ganze aber werden kann, zeigen Berichte von Ende 2014. Danach haben die IS-Terroristen in Raqqa mehr als hundert ausländische Kämpfer hingerichtet, die sich offenbar absetzen wollten.

Selbst wenn also jemand für sich die Entscheidung trifft, nicht mehr dem salafistischen Islamverständnis zu folgen und aus der Szene auszusteigen, kann die Absicht daran scheitern, dass er beziehungsweise sie sich nicht traut, weil die Erwartungen der Gruppe und die drohenden Konsequenzen ihn lähmen und einschüchtern, ja, ihn um sein Leben fürchten lassen. Ich gehe davon aus, dass es in den Reihen der Salafisten zahlreiche Jugendliche gibt, die ihnen nur noch folgen, weil sie denken, dass sie es müssen. Und nicht mehr, weil sie daran glauben.

Für die Dschihadisten, die sich bereits in Syrien aufhalten, ist ein Ausstieg noch schwieriger, da sie sich in einer verschärften Ausgangssituation befinden. Hier können sie sich dem Gruppendruck noch weniger entziehen, und das bedeutet in letzter Konsequenz, weiter aktiv am dortigen Bürgerkrieg und an den terroristischen Aktionen teilnehmen zu müssen. Ob ein junger Mensch wirklich in der Lage oder willens ist, zu kämpfen oder gar zu töten, interessiert dort niemanden. Ganz im Gegenteil, Neuankömmlinge haben eher unter Beweis zu stellen, wie ernst sie den Dschihad nehmen.

Es ist in den meisten Fällen nicht so, dass sich diese Jugendlichen wirklich aus tiefster religiöser Überzeugung und aus absolut freiem Willen an den Kriegshandlungen beteiligen. Sie werden durch die Strukturen, in die sie sich begeben haben, direkt oder indirekt gezwungen. Hier kommt die schon in Deutschland vorbereitete Isolation zum Tragen. Gerade vor Ort, am Kriegsschauplatz, ist das ein wesentlicher Faktor. Die Jugendlichen sollen einfach nur funktionieren, Dinge nicht hinterfragen und schon gar keine Zweifel aufkommen lassen. Das gilt ähnlich für die Selbstmordattentate, die in Syrien und im Irak von deutschen Salafisten verübt wurden. Verfassungsschützer gehen davon aus, dass bis zum Herbst 2014 acht Deutsche solche Selbstmordattentate durchgeführt haben. Bei den Personen handelte es sich nicht nur um religiös überzeugte beziehungsweise verblendete Scharfmacher, die ein besonders heldenhaftes Opfer bringen wollten. Oftmals steckt dahinter schlicht Druck. Zögerliche Jugendliche werden dazu gedrängt, sich stärker einzubringen, auf diese Weise Opfer für die *umma* zu bringen und den Dschihad zu unterstützen: »Oder bist du vielleicht ein Heuchler, ein Ungläubiger, ein *kāfir?* Außerdem, wer sich selbst opfert, gelangt direkt ins Paradies. Was willst du mehr?« Solche Indoktrinationen zeigen vornehmlich bei labilen Menschen Wirkung – nicht zuletzt aus Angst davor, was im Falle einer Weigerung noch Schlimmeres mit ihnen passieren könnte. Einige deutsche Selbstmordattentäter sollen vor ihrer Tat schwer verletzt worden sein. Aus Sicht der skrupellosen IS-Anführer sind Verletzte zu nichts mehr zu gebrauchen – außer für Selbstmordattentate. So zynisch es klingt, aber hier wird die Beobachtung, dass die kampfunerfahrenen jungen Salafisten aus Sicht der IS-Söldner Kanonenfutter sind, einmal mehr bestätigt.

Gibt es also überhaupt noch Chancen, solche Jugendlichen herauszuholen? Ja, aber ganz schmale. Es ist sehr schwierig, an junge Menschen heranzukommen, wenn sie erst einmal das Freund-Feind-Lüge-Wahrheit-Schema verinnerlicht haben. Mit pädagogischen Mitteln und selbst den stärksten rationalen Argumenten, etwa dass gewalttätiges Verhalten nicht im Sinne des Glaubens und schon gar nicht im Sinne Gottes sein kann, erreicht man keinen mehr. Eher schon kann man manchmal damit erfolgreich sein, einem Salafisten die Mechanismen der Manipulation aufzuzeigen, die ihn dazu bringen, verschiedene Dinge zu tun. Vergleiche zu ziehen mit anderen Ideologien und bekannten Beispielen von Verführungstechniken. Möglicherweise sät man dadurch erste Zweifel und kann dem Jugendlichen klarmachen, dass er gezielt von seinem Umfeld isoliert worden ist. Am ehesten lassen sich Extremisten jedoch über die emotionale Ebene erreichen, über den Bauch. Das lehren die jahrelangen Erfahrungen mit Neonazis. Am erfolgversprechendsten ist nicht, die Ideologie mit besonders schlüssigen Argumenten zu widerlegen, sondern den Betroffenen darauf hinzuweisen, wie Menschen, die ihn lieben – Vater, Mutter, Partner, Kinder, sprich die früher engsten Vertrauten –, unter seiner Radikalisierung leiden. Oder ihn darauf hinzuweisen, dass er kein Versager ist, dass auch er ein wertvoller Mensch ist, der geliebt werden kann, wenn er sich öffnet.

Dazu muss allerdings die Möglichkeit zur Kontaktaufnahme gegeben sein. Man braucht einen persönlichen Zugang zu diesen jungen Menschen, um überhaupt angehört zu werden. Wenn jemand bereits in Syrien ist, ist das natürlich umso schwieriger. Allerdings wurde aus Belgien ein Fall bekannt, bei dem ein Vater auf eigene Faust nach Syrien gereist ist und dort seinen Sohn aus den Fängen der Islamisten herausgeholt hat. Wenn Institutionen versuchen wollen, an diese indoktrinierten Jugendlichen heranzukommen, solange sie noch in Deutschland sind, brauchen sie sehr gut eingearbeitete und informierte Sozialarbeiter. Die besten Chancen aber hat in jedem Fall jemand aus dem engsten Familien- oder Freundeskreis des betroffenen Jugendlichen. Aber auch diese Personen müssen wissen, was sie erwartet. Sie müssen sich womöglich fürchterliche Beschimpfungen und Beleidigungen gefallen lassen, Wutausbrüche, Abweisungen, Bedrohungen ertragen und trotzdem dranbleiben, um einen Extremisten wieder in die Gesellschaft zurückzuführen. Außer durch eine intensive Beschäftigung mit der Einzelperson sehe ich keine andere Chance, in dieses Milieu einzugreifen und präventiv an diese jungen Menschen heranzukommen, wenn sie bereits im fortgeschrittenen Stadium radikalisiert sind.

Die Rolle der Frau im Dschihad

Der Verfassungsschutz geht davon aus, dass der Frauenanteil in der Salafisten-Szene bei 10 Prozent liegt. Wie kann sich ausgerechnet ein junges Mädchen, das im Westen sozialisiert wurde und in ein heiratsfähiges Alter gekommen ist, nur dafür entscheiden, sich in ein frauenfeindliches Milieu wie das der Salafisten zu begeben? Diese Frage treibt viele um. Und, offen gestanden, kann man sie nur ansatzweise beantworten, denn es gibt einfach noch keine verlässlichen Studien, die das erklären könnten. Aber es gibt erste Überlegungen.

Der herangezogene »theologische« Unterbau der Salafisten basiert auf dem Konzept des Antagonismus von *dār al-harb* (»Gebiet des Kriegs«) und *dār al-islām* (»Gebiet des Islam«) beziehungsweise *dār al-'ahd* (»Gebiet des Vertrags«). Der Dschihad eines jeden jungen Mannes soll in ihren Augen so aussehen, dass er sich am bewaffneten Kampf zumindest zur Verteidigung der *umma* unbedingt beteiligt. Nach salafistischer Lesart müssen auch Frauen in diesem »Verteidigungskampf« des *dār al-islām* ihren Beitrag leisten – freilich nicht auf dem Schlachtfeld (obwohl es da auch anderslautende Stimmen gibt), sondern eher passiv. Der Einsatz der Frauen im Dschihad dient primär der Stärkung und Unterstützung der Kämpfer und zukünftigen »Märtyrer«.

Junge Mädchen, die in den Dschihad ziehen und aus traditionellen Elternhäusern stammen, wissen um die ihnen vermutlich sowieso vorbestimmte Rolle als Ehefrau und Mutter. Sie hegen in diesem Zustand oft verzerrte, naive und kitschig-romantische Vorstellungen von Familie, Liebe und Ehe. Diese Mädchen emanzipieren sich von ihren Elternhäusern, indem sie heiraten. Dann begeben sie sich zwar in die Obhut des Ehemanns, aber gerade für Pubertierende kann so etwas reizvoller sein, als weiter nach der Pfeife der Eltern tanzen zu müssen.

Mädchen lassen sich ebenfalls von einer »Dschihad-Romantik« verführen. Bei jungen Frauen, die nach Syrien gegangen sind, kann man die Sehnsucht nach einem starken Mann, einem heroischen Kämpfer, erkennen, der in der Lage ist, sie zu beschützen, und von dessen Ansehen auch ein wenig Glanz auf sie als seine Ehefrau abfällt. Zugleich sehen sie es als ein Zeichen besonderer Liebe und Hingabe, dem Ehemann zur Seite zu stehen, ihm den Rücken zu stärken und ihn zu ermahnen, weiter »für die Sache Gottes« zu kämpfen. Nach der Heirat werden sie möglichst schnell Kinder bekommen, die sie vor Ort großziehen und ebenfalls zu künftigen Kämpferinnen und vor allem Kämpfern aufziehen. Für diese Mädchen ist das ein akzeptabler und ehrbarer Lebensstil. Er entspricht den Regeln des Islam beziehungsweise deren Auslegung durch die Salafisten, wozu zum Beispiel die fehlende Empfängnisverhütung gehört. Man spricht hier vom *dschihad al-nikah,* also dem »Heiratsdschihad«. Dafür ernten die Mädchen dann sowohl von den Männern als auch von den anderen Frauen Hochachtung und Respekt. Selbst wenn der Ehemann fällt, gelten sie als Frau eines Märtyrers als besonders ehrenwert. Ähnlich wie bei jungen Männern spielt also auch bei Frauen die Frage der Anerkennung eine wichtige Rolle.

Das traditionelle, streng konservativ-islamische Frauenbild sieht die Frau nicht in der Öffentlichkeit. Freiheiten, die man als Frau in Europa genießt, sind demnach beinahe undenkbar. Das sichtbarste Beispiel ist vielleicht die freie Entscheidung, wie man sich kleiden möchte. Die Selbstbestimmung der muslimischen Frau über das eigene Leben wird in diesen Kreisen signifikant beschnitten. Sie trägt nur eingeschränkt Eigenverantwortung, letztlich ist der Ehemann mitverantwortlich für ihr Seelenheil. Das bedeutet, dass er sie im Guten dazu zu ermahnen hat, zu beten oder sonstigen religiösen Pflichten nachzugehen.

Die westlichen Freiheiten der emanzipierten Frau haben aber auch eine »Kehrseite«. Diese liegt in der Verpflichtung, mit diesen Freiheiten sinn- und verantwortungsvoll umzugehen. Die vollständige Gleichberechtigung zu erreichen, ist oftmals mit einem harten Kampf verbunden, der sich heute vor allem auf die Arbeitswelt konzentriert. Diese Mühen und diese Verantwortung fürchten nicht wenige junge Musliminnen, die nach einem antiquierten Rollenverständnis erzogen wurden. Ihnen wurde vorgelebt, sich in vorgegebene Muster zu fügen. Zum Überlegenheitsanspruch des Mannes gegenüber der Frau gehört aber ebenso die Übernahme eines Großteils der Verantwortung. Er ist dazu verpflichtet, für ihren Unterhalt und den ihrer Kinder zu sorgen und ihr ein angenehmes Leben zu sichern. Für manche hat das einen Reiz, weil es weniger Sorgen verspricht, weil es eine bequeme Basis zu sein scheint, für die sie den Preis, in der Öffentlichkeit vollverschleiert zu sein und den Mund zu halten oder eben in den Dschihad zu gehen, gerne zahlen. Um diese muslimischen Frauen zu verstehen, ist also ein Perspektivenwechsel nötig. Aus unserer westlichen Sicht sind Freiheit und Selbstbestimmung höchste Ideale, wohingegen die Reduzierung der Frau auf die Rolle im Ehebett und im Haushalt von den meisten abgelehnt wird. Aus Sicht junger Musliminnen kann das umgekehrt sein. Die Rolle im Ehebett und Haushalt würden sie niemals so geringschätzig beschreiben, wie es in Europa oft geschieht, sondern eher die westliche Pflicht, ins »Hamsterrad des beruflichen Wettstreits« treten zu müssen.

Ob die jungen Frauen wirklich immer aus freien Stücken zu ihrer Haltung gelangt sind, ist mehr als zweifelhaft. Ähnlich wie Jungen werden natürlich auch sie vorher dazu angehalten, den westlichen Lebensstil von Männern und Frauen als minderwertig, schlecht und als den eigentlich unfreien anzusehen. Aus dieser Sicht sind die Frauen im Westen Sklavinnen des Konsums und ständig der Gefahr ausgesetzt, der Promiskuität zu verfallen.

Auch die bei uns so präsenten Gräueltaten wie Vergewaltigungen, Zwangsverheiratungen, Versklavungen, die von den IS-Anhängern verübt werden, vermögen es nicht, die Mädchen abzuhalten. Entsprechend der Isolationsbemühungen, verdrängen sie jeden Gedanken daran. Es betrifft sie nicht unmittelbar. Sie müssen diese Taten weder mit ansehen noch ausführen. Sie unterstützen ihren Ehemann zwar in dem, was er tut, aber sie sind nicht selbst daran beteiligt. Das ist eine sehr zynische Einstellung, die durch Manipulationen gefördert wird. Zudem reden sich die jungen Frauen zur Beruhigung ein: »In einem Krieg wird eben getötet. Vielleicht haben es die Ungläubigen ja verdient. Wer weiß, ob das alles stimmt, was die da im Westen über den Islamischen Staat erzählen.«

6
Was kann die Gesellschaft tun?

Familie und soziales Umfeld

Bei der Radikalisierung junger Menschen hat als Erstes das familiäre Umfeld versagt. Es ist primär Aufgabe der Erziehungsberechtigten und der engeren Familie, für die eigenen Kinder zu sorgen und zu beobachten, wie sie sich verhalten und mit wem sie sich abgeben. Ich will nicht außer Acht lassen, dass es sich in bestimmten Konstellationen – besonders im Jugendalter – als sehr schwierig erweist, die innere Verbindung zum »Kind« einigermaßen aufrechtzuerhalten. Und natürlich wird die elterliche Verantwortung mit zunehmendem Alter des Nachwuchses geringer, und natürlich kann man eine positive Entwicklung seiner Kinder nicht garantieren. Dennoch liegt die Hauptverantwortung bei den Eltern und der Familie, denn sie sollten diejenigen sein, die die engsten Bindungen zu ihren Kindern, Geschwistern oder Enkeln haben. Ich formuliere das nicht als Vorwurf an die Betroffenen, sondern als Appell zu größerer Sensibilität.

Lange bevor es zu einer beunruhigenden Entwicklung eines Heranwachsenden kommt, sollten sich Eltern zunächst einmal darum bemühen, mit ihren Kindern liebevoll und respektvoll umzugehen, sie emotional und in ihrer Persönlichkeit zu stützen und zu stärken. Wer seine Kinder weiterhin aufmerksam begleitet, wird auch Veränderungen ihrer Gedankenwelt wahrnehmen. Entscheidend ist es, zu reagieren, wenn man erkennt, dass die eigenen Kinder plötzlich extrem anders werden. Extrem verschlossen, extrem gewalttätig, extrem abwertend, extrem feindselig. Ich bin fest davon überzeugt, dass die meisten Eltern grundsätzlich in der Lage sind, ihr eigenes Kind einschätzen zu können.

Auch die Personen im weiteren sozialen Umfeld eines Menschen kann man nicht aus der Verantwortung entlassen: Freunde und Bekannte. Selbst familiär Außenstehende sollten reagieren, wenn sie wahrnehmen, dass sich ein Heranwachsender plötzlich verändert.

Woran erkennen wir das Abdriften eines Jugendlichen in den Extremismus? Das ist die alles entscheidende Frage. Am auffälligsten sind das Schwarz-Weiß-Denken, das Einteilen der Welt in ein Freund-Feind-Schema und eine offensive Abwertung von anderen (bei Neonazis sind das die »Ausländer«, bei Salafisten die »Ungläubigen«). Wenn ein Schüler zur Provokation oder aus dem Affekt heraus »Ihr Scheißungläubigen!«

ruft, sollten Lehrer in der Lage sein, das als erstes besorgniserregendes Signal zu erkennen, das auf islamistische Einflüsse hindeuten könnte, aber natürlich nicht muss. Vorsicht!

Pädagogen und natürlich auch die Eltern, die Familie, müssen alarmiert sein, wenn sie bei Schülern plötzlich, einhergehend mit äußerlichen Veränderungen, eine Wesensveränderung feststellen. Das kann eine steigende Gewaltbereitschaft sein oder ein Rückzug aus dem sozialen Umfeld. Das kann ein plötzlicher Wandel von Freizeitaktivitäten sein (der Jugendliche geht nicht mehr in die Disco, sondern verbringt seine Freizeit nur noch in der Moschee), ein Wechsel des Freundeskreises (jemand wendet sich ohne ersichtlichen Grund von bestimmten Freunden ab). Ein weiterer Hinweis auf salafistische Einflüsse ist natürlich eine auffällige innere Hinwendung zur Religion: Zum Beispiel beginnt der Betreffende seine Umgebung auf religiöses Fehlverhalten hinzuweisen und vertritt fatalistische Glaubenssätze wie: »Das irdische Leben ist doch nichts wert – wir leben für das Jenseits!« Oder er integriert auf einmal islamische Formeln übertrieben oft in seine Alltagssprache – Ausrufe wie *al-hamdu lillāh* (»Gott sei Dank«) oder *mā schā Allah* (im Sinne von »Gottes Wege sind unergründlich«) oder *subhān Allah* (»Gepriesen sei Gott«) usw. Er betet plötzlich demonstrativ regelmäßig oder unterwirft sich stärker den islamischen Regeln.

All diese Veränderungen im Verhalten sollten als Alarmsignale wahrgenommen werden, vor allem dann, wenn mehrere gleichzeitig auftreten. Jede Veränderung für sich allein macht noch niemanden zu einem radikalen Gläubigen. Denn natürlich müssen wir uns zugleich davor hüten, jede Hinwendung zur Religion mit Sorge und Argwohn zu beäugen oder gar zu kriminalisieren. Das bei einem Jugendlichen plötzlich einsetzende Einhalten von religiösen Geboten und Verboten spricht nicht automatisch für eine Radikalisierung. Nur weil jemand plötzlich fünfmal am Tag betet, ist er noch kein Salafist. Nur weil ein Mädchen beginnt, ein Kopftuch zu tragen, ist sie noch keine religiöse Fanatikerin. Und nur weil ein junger Mann sich einen Bart wachsen lässt, ist er noch lange kein gewaltbereiter Dschihadist. Ich kann es nicht oft genug betonen: Ein frommer Muslim muss kein Salafist sein, und wir alle sollten darum bemüht sein, das auseinanderzuhalten. Wenn wir hier zu voreilig urteilen und handeln, können wir sehr viel Schaden anrichten in den Familien und im Umfeld des Betroffenen. Zudem stärken wir die Islamfeindlichkeit und spielen damit wiederum den Salafisten in die Hände. Hier ist also große Vorsicht geboten. Selbst wenn mehrere auffällige Verhaltensweisen zusammenkommen, muss das noch nicht zwangsläufig auf ein Abgleiten in den Salafismus hindeuten. Es könnte sich aber um Frühwarnsignale handeln, die ernst genommen werden müssen. Insbesondere dann, wie ich noch mal betonen möchte, wenn diese Entwicklungen mit einer massiven Abwertung »anderer« einhergehen. Wenn also jemand offensiv und nach außen erkennbar eine »In-Group« markiert, beispielsweise

»die Muslime«, zu denen er sich auch zählt, und den Rest davon strikt abgrenzt.

Zu den bisher genannten Merkmalen kommt ein weiteres, entscheidendes Merkmal hinzu, das den Verdacht einer salafistischen Radikalisierung erhärten kann: die Verknüpfung der Religion mit Politik: »Schaut euch mal an, wie die Muslime in den arabischen Ländern vom Westen behandelt werden!« Aussagen wie diese oder auch starke emotionale Reaktionen auf Opfer in Konflikten im Irak, in Syrien, Pakistan oder Afghanistan (erst recht, wenn jemand keine persönlichen Beziehungen zu einem der Konfliktländer hat) sollten jeden aufmerken lassen. Auch Aussagen, wonach die USA oder Israel oder deren Geheimdienste die Fäden zögen, weil sie den Islam und die Muslime schwächen und deren Länder beherrschen wollten, können ein Hinweis sein. Gleiches gilt, wenn ein junger Mensch auf einmal viel Zeit im Internet mit dem Anschauen von Propagandavideos aus Kampfgebieten verbringt und vermehrt von schrecklichen Sachen berichtet, die Männern, Frauen und Kindern von westlichen oder »ungläubigen« Soldaten angetan würden. Ein Junge kam eines Tages zu mir und stellte mir die Frage: »Frau Kaddor, müssen wir die Juden wirklich töten?« Bei solchen Aussagen darf man nicht zum Tagesgeschäft übergehen, sondern muss nachfragen. In diesem konkreten Fall, hatte der Junge einen Satz im Fernsehen aufgeschnappt.

Zur politischen Dimension des Salafismus gehören nicht nur die internationalen Geschehnisse. Wenn jemand gesteigerten Hass auf die deutsche Gesellschaft erkennen lässt, weil er befürchtet, in diesem Land »eh nie akzeptiert« zu werden, kann das ebenfalls ein Anzeichen sein.

Aber auch hier gilt: Solche Äußerungen sind zwar auffällig und müssen sehr ernst genommen werden, sie sind jedoch allein noch kein Beweis für eine gefährliche Radikalisierung. Erst das Zusammenwirken von auffälligen und plötzlich einsetzenden Veränderungen des religiösen Verhaltens in Kombination mit einer extremeren Sicht auf politische und gesellschaftliche Gegebenheiten kann darauf hindeuten, dass hier jemand Anschluss an eine salafistische oder eine ähnliche Gruppe sucht oder bereits gefunden hat. Wer nach sorgfältiger Abwägung zu der Meinung gelangt ist, dass er es mit einem gefährdeten Jugendlichen zu tun hat, der sollte zuallererst das Gespräch suchen oder sich an eine Beratungsstelle wenden.

Es gibt bereits gute Anlaufstellen und Initiativen. Dort kann man sich anonym beraten lassen, entweder telefonisch oder im direkten Gespräch. So besteht seit 1. Januar 2012 eine »Beratungsstelle Radikalisierung« am Bundesamt für Migration und Flüchtlinge (BAMF). Das BAMF formuliert auf der Website sein Angebot folgendermaßen: »Eltern, Angehörige, Freunde und Lehrer sind oft die ersten, denen eine Radikalisierung eines jungen Menschen auffällt und gleichzeitig die letzten, zu denen dieser trotz zunehmender Isolierung Kontakt hält. Um sie in einer solchen schwierigen Situation bestmöglich zu unterstützen und so gemeinsam der

Radikalisierung des nahestehenden Menschen entgegenwirken zu können, steht nun ein professionelles Beratungsangebot bereit.« Hier gibt es eine Telefonhotline, an die man sich im Zweifelsfall wenden kann.

Als Angebot des nordrhein-westfälischen Innenministeriums ist das Programm »Wegweiser« entwickelt worden. Auf der Website heißt es: »Mit seinem Beratungs- und Betreuungsangebot für Betroffene und das soziale Umfeld setzt das Programm früh an und verfolgt bei der Lösungssuche einen ganzheitlichen Ansatz.«

In Berlin gibt es die »Beratungsstelle HAYAT«, die »Beratung und Coaching von Eltern, Angehörigen und Betroffenen in der Auseinandersetzung mit Islamismus und Ultranationalismus« anbietet, in Bremen das »Beratungsnetzwerk kitab«, das einen ähnlichen Ansatz verfolgt. Weitere Kontaktadressen sind im Anhang zu finden.

Als verantwortungsbewusste Staatsbürger sollten wir nicht tatenlos zusehen, wenn wir in einem Kontext, der uns scheinbar nichts angeht, Vorgänge bemerken, die auf Aktivitäten von Neonazis oder Salafisten hinweisen. Auch hier gilt es, wachsam zu sein, aber überlegt zu handeln. Niemand soll in Panik und Alarmismus verfallen und Menschen leichtfertig denunzieren.

Prävention im Schulunterricht

Die wichtigste Maßnahme im Kampf gegen den Salafismus ist die Präventionsarbeit. Es muss uns gelingen, junge Menschen bereits *vor* ihrem Eintritt in die salafistische Szene zu erreichen, und dazu müssen wir nicht nur lernen, frühzeitig ihr Sympathisieren zu erkennen, sondern auch Voraussetzungen dafür schaffen, dass sie weniger gefährdet sind. Das kann aber nur funktionieren, wenn das soziale Umfeld ausreichend informiert und sensibilisiert worden ist und wenn entsprechend geschultes Personal zur Verfügung steht. Das setzt voraus, dass die gesamte Gesellschaft den Handlungsbedarf erkannt hat. Im Moment haben wir es immer wieder mit Eltern oder Familienmitgliedern zu tun, denen die Schritte ihrer Kinder hin zu der Radikalisierung bis zuletzt nicht aufgefallen sind. Und auch die Gesamtgesellschaft verschließt vielfach die Augen vor der Problematik, vielleicht weil sie auch ihren Anteil an der Verantwortung für das Phänomen Salafismus als »Jugendprotestbewegung« nicht sehen möchte. Ich werde jedenfalls auf meinen Lesereisen, Vorträgen und Seminaren mit solchen Ansichten häufig konfrontiert: »Das ist ein Problem der Muslime. Was hab ich als Deutscher damit zu tun!?« Wir alle tragen Verantwortung für unsere Gesellschaft. Dieser Verantwortung können wir schon nachkommen, wenn wir in unserem Umfeld mit zur Differenzierung beitragen, sei es im direkten Gespräch mit Nachbarn, Arbeitskollegen oder

Freunden. Oder indem wir auf Facebook, Twitter und den anderen sozialen Medien mitkommentieren, und gegebenenfalls pauschalisierenden Darstellungen etwas entgegensetzen.

Präventionsarbeit ist gemäß der Verantwortung für die Radikalisierung zunächst Aufgabe der Familien. Eltern müssen sich selbst informieren und mit ihren Kindern frühzeitig über die Gefahren reden. Entsprechend dem Subsidiaritätsprinzip in der Zivilgesellschaft ist nach der engsten Familie zunächst der Freundes- und Bekanntenkreis einer Person gefordert. Wenn diese versagen, müssen die gesellschaftlichen Institutionen, vor allem die Jugendbildungsträger, aber auch muslimische Organisationen handeln. Salafismus muss Thema in der Schule sein, in unterschiedlichen Unterrichtseinheiten sollte über das Phänomen des Salafismus als gefährliche Jugendprotestbewegung gesprochen werden – nicht nur im Religionsunterricht. Denn als solche ist der Salafismus vor allem ein gesellschaftliches Phänomen, das sich die Religion zunutze macht. So könnte das Thema in den Lehrplänen beispielsweise des Politik-, Sozialkunde- oder Geschichtsunterrichts aufgenommen werden.

Im religiösen Bereich ist aus meiner Sicht in erster Linie dafür Sorge zu tragen, dass die Exegese-Tradition in Verbindung mit einer historischen Verortung des Koran vermittelt wird. Dass geschichtliches Wissen, Kenntnisse der arabischen Sprache und ihrer Entwicklung, der Biografie des Propheten Muhammad, Kenntnisse anderer Religionen vermittelt werden. Solange man dieses Hintergrundwissen ausklammert, ist eine zeitgemäße und differenzierte Sicht auf den Islam und die Religion kaum möglich. Gläubige laufen Gefahr, den Korantext allzu wörtlich und damit falsch zu verstehen, statt ihn im Kontext zu sehen und auf ihr heutiges Leben zu übertragen. Wer gut über seine Religion Bescheid weiß (gerade wenn die Identität so stark damit verknüpft ist wie bei Muslimen), der wird nicht so leicht auf jemandem hereinfallen, der vorgibt, ihm seinen Glauben erklären zu können.

Diese Bildungsarbeit müssen zum einen Moscheen leisten, zum andern der bekenntnisorientierte Islamische Religionsunterricht an Schulen. Er ist inzwischen in einigen Bundesländern eingeführt worden. Vorreiter sind hier vor allem Nordrhein-Westfalen, Niedersachsen und Berlin. Quantitativ am besten aufgestellt ist Nordrhein-Westfalen, das bevölkerungsreichste Bundesland, in dem auch die meisten Muslime leben. Hier findet seit dem Schuljahr 2012/2013 ein Islamischer Religionsunterricht an 61 Grund- und weiterführenden Schulen statt. Jede Schulform bietet diesen Unterricht an. Angefangen hat der schulische Islamunterricht Ende der Neunzigerjahre mit der bekenntnisfreien »Islamischen Unterweisung«, später »Islamkunde in deutscher Sprache« genannt. Diese Modelle wurden als Übergangslösung eingeführt, um später in ein Regelfach »Islamischer Religionsunterricht« umgewandelt zu werden. Etwa 100 Lehrerinnen und Lehrer dürfen dieses Fach in Nordrhein-Westfalen derzeit unterrichten. Davon haben einige wie ich ein islamwissenschaftliches Hochschulstudium in Deutschland abgeschlossen. Die Übrigen sind fachlich qualifizierte, aus verschiedenen Ländern kommende Unterrichtskräfte.

Auch in Niedersachsen wird das Fach seit etwa zwei Jahren unterrichtet, in Berlin schon länger, weil dort das Religionsverfassungsgesetz andere Voraussetzungen hat als in anderen Bundesländern. Hier verantwortet die Islamische Föderation seit 2001 den Islamischen Religionsunterricht.

In Nordrhein-Westfalen werden aktuell 4500 muslimische Schüler in islamischer Religion unterrichtet. Bei einer Gesamtzahl von etwa rund 320000 muslimischen Schülerinnen und Schülern macht das nicht mal zwei Prozent aus – nur ein winziger Bruchteil der muslimischen Schülerschaft also. Das liegt aber weniger an der mangelnden Bereitschaft der Schulen, dieses Fach einzuführen, als an der Anzahl der Lehrerinnen und Lehrer, die in der Lage sind, dieses Fach zu unterrichten. An den Hochschulen, an denen Islamischer Religionsunterricht beziehungsweise islamische Theologie angeboten wird, finden bisher noch zu wenige Studenten den Weg in die Studiengänge. Der Bedarf an Lehrkräften ist jedenfalls ungleich höher. In Nordrhein-Westfalen gibt es allerdings auch nur eine einzige Universität, die in diesem Fach ausbildet, und zwar in Münster, und das auch erst seit dem Jahr 2006. Die Neugründung dieses Fachbereichs, die ich damals als Wissenschaftliche Mitarbeiterin intensiv vorbereitet und begleitet habe, war die erste ihrer Art in ganz Deutschland. Heute gibt es gut eine Handvoll Professoren, die Islamlehrer an deutschen Universitäten ausbilden.

Die Inhalte des Islamischen Religionsunterrichts sind an die gängigen Religionsunterrichts-Lehrpläne angelehnt. Beispielsweise beschäftigt man sich in der fünften Klasse mit Fragen zur eigenen Identität und Stellung innerhalb der Gesellschaft. Exakt das gleiche Thema findet man im christlichen Religionsunterricht in der fünften Klasse. Erst in der Pubertät, also etwa in den Klassen sieben und acht, beschäftigen wir uns mit den Themen Liebe, Ehe und Familie. Auch hier findet man ähnliche Themenschwerpunkte in jedem anderen Religionsunterricht. In der zehnten Klasse, für die im christlichen Religionslehrplan die politische Dimension von Religion und die gesellschaftliche Auseinandersetzung vorgesehen sind, wird dann im Islamischen Religionsunterricht analog die politisch-soziale Dimension des Islam näher behandelt. Es werden der Dschihadbegriff, aber auch der Friedensbegriff diskutiert. Natürlich gibt es darüber hinaus islamspezifische Themen, etwa das Leben des Propheten Muhammad, ähnlich wie der christliche Religionsunterricht sich mit dem Leben Jesu beschäftigt – oder aber Rituale und Pflichten, wie man sie in anderen Religionen nicht findet.

Der Unterschied zwischen der früheren »Islamkunde« und dem heutigen Islamischen Religionsunterricht liegt, im Grunde genommen, auf rein formaler Ebene. Schon bei der Islamkunde achtete die Landesregierung darauf, dass ausschließlich muslimische Lehrkräfte dieses Fach unterrichteten, die ein in Deutschland abgeschlossenes Hochschulstudium nachweisen konnten. Der wesentliche Unterschied betrifft die sogenannten »Bekenntnisanteile«. Das heißt, ich darf im Islamischen Religionsunterricht mit offenem Bekenntnis zu meiner Religion unterrichten. Wenn ich in der Islamkunde zum Beispiel über das fünfmalige Gebet am Tag sprach, so gab ich das Gebot wieder, vermittelte es aber nicht als »unser Gebot«. So sagte ich beispielsweise: »Das fünfmalige Gebet am Tag ist für Muslime verpflichtend.« Es ging also darum, eine neutrale Haltung einzunehmen; genauso hätte ich auch im christlichen Religionsunterricht den Schülern erklären können, was muslimische Gläubige machen. Jetzt kann, aber muss ich nicht sagen: »Wir Muslime sind verpflichtet, fünfmal am Tag zu beten.« Das »wir« bezieht mich und die Schüler im Klassenraum also explizit mit ein. Das sind Nuancen, die die Schülerschaft meist überhaupt nicht bewusst wahrnimmt.

In der Moschee erhalten Schülerinnen und Schüler in der Regel ausschließlich einen Koranunterricht, der sie vor allem zum korrekten Lesen und Rezitieren des Textes hinführen soll. Im Islamischen Religionsunterricht an öffentlichen Schulen geht es dagegen primär darum, junge Muslime zu mündigen religiösen Menschen zu erziehen. Das gelingt meiner Meinung nach dann am besten, wenn man ihnen genügend Raum gibt, ihre vielen Fragen offen und kritisch zu stellen. Es ist wichtig für sie, dass sie einen geschützten Raum haben, in dem sie sich trauen können, nach allem zu

124

fragen, was sie bewegt. Beispielsweise stellen Schüler häufig Fragen nach Sexualität, etwa zum Thema Selbstbefriedigung oder zur Körperhygiene. Ihnen allen ist bewusst, dass sie diese und ähnliche Fragen aus Scham unmöglich dem Hodscha (dem religiösen Lehrer in einer Moschee) oder gar den Eltern stellen können. Viele Kinder wünschen sich auch, über bestimmte Tabuthemen nachzudenken. Auch hier ermutige ich sie, ihren Gedanken freien Lauf zu lassen. Wenn ich frage: »Wie stellt ihr euch Gott vor?«, dann sind einige Schüler geradezu entgeistert: »Wie können Sie so etwas fragen, Frau Kaddor, das darf man doch nicht!« Offenkundig wurde einzelnen Schülern zu Hause oder in der Moschee das Bildnisverbot von Gott so vermittelt, dass schon der Gedanke daran für sie wie Sünde wirkt. Genau hier muss dieser Unterricht ansetzen, um die Schüler dort abzuholen, wo sie mit ihrem Wissen und ihrer Einstellung zum Islam stehen. Wissenslücken müssen dringend geschlossen, das Nachdenken über Religion dringend erlernt werden.

Wenn man junge Menschen in diesem Fach unterrichtet und versucht, ihnen zu verdeutlichen, dass es unterschiedliche Strömungen mit unterschiedlichem Verständnis von ein und demselben gibt, sind viele überfordert. Häufig höre ich während des Unterrichts lautstarke Proteste: »Unsere Eltern sagen uns aber: ›Es ist so‹, und Sie erklären uns: ›Es ist aber ganz anders.‹ Was sollen wir denn nun glauben?« Ich antworte ihnen in der Regel, dass sie sich selbst darüber ein Urteil bilden müssen. Sie haben das wichtigste Werkzeug dazu, nämlich den Verstand. Den müssen sie einsetzen, um abzuschätzen, was für ihr eigenes Leben, für die Situation, in der sie sich befinden, wohl am besten sein könnte. Ich bin davon überzeugt, dass jeder muslimische Schüler diese Eigenverantwortung erlernen kann. Der Islamische Religionsunterricht hilft dabei, indem er den Schülern vor Augen führt, dass unterschiedliche Sichtweisen im Islam nicht nur möglich, sondern normal sind, und beschreibt sie. Wenn man die Pluralität selbst als etwas Positives im Glauben versteht und dies auch so vermittelt, weicht bei den meisten Schülern die Skepsis. Wenn man frühzeitig vermittelt, dass kein Mensch nach dem Propheten sicher sein kann, den wahren Islam zu kennen, wachsen Schüler daran. Es ist dann letztlich eine Frage des Alters, ab wann die Schüler wirklich bereit sind, sich anderen Sichtweisen zu öffnen. Wer früh genug in der Schule mit Toleranzerziehung anfängt, kann einen festen Grundstein zur Weiterentwicklung von Aufgeschlossenheit legen.

Vorstöße aber, den Islamischen Religionsunterricht wie einen verlängerten Arm des Verfassungsschutzes zu betrachten, gehen absolut in die falsche Richtung. Ich halte nichts davon, dass wir Lehrer angehalten werden, bestimmte Schüler genau zu beobachten und etwaige Verhaltensauffälligkeiten direkt den Sicherheitsbehörden zu melden. Ich verstehe mich immer noch in erster Linie als Pädagogin, Wissenschaftlerin und Theologin. Gerade in der heutigen Zeit und bei meinen Schülern ist ein gewisses Vertrauensverhältnis nötig, sonst macht man die Chancen eines Ortes des offenen Austauschs zunichte. Abweichendes Verhalten oder abruptes Andersdenken im Kontext von Salafismus kann jedoch im Religionsunterricht in der Tat eher festgestellt und angesprochen werden. Religionslehrer sollten daher stärker für salafistische Entwicklungen sensibilisiert sein als andere Fachlehrer. Aber es sollte dann im Ermessen des Lehrerkollegiums liegen, wie darauf zu reagieren ist.

Viel wichtiger finde ich den Aspekt, dass muslimische Schüler ihren Standpunkt und auch ihren Standort innerhalb des Glaubens gut ausmachen und beschreiben können. Insofern ist der Islamische Religionsunterricht auf lange Sicht schon ein wirksames präventives Instrument, aber er eignet sich eben nicht als kurzfristiges Interventionsinstrument. Auch dass man allein mit Islamunterricht der Hinwendung jedes Schülers zum Salafismus vorbeugen könnte, wäre eine falsche Vorstellung. Politik- und Geschichtsunterricht in der Schule kann ja auch nicht alle Schüler vor dem Abrutschen in den Rechtsextremismus bewahren. Zum einen sind dafür die Unterrichtseinheiten, die man in einer Woche hat, viel zu kurz, zum anderen spricht der Religionsunterricht nur den ideologischen Überbau der Radikalisierung an. Die meisten Jugendlichen gelangen aufgrund persönlichen Frusts zum Salafismus, und nicht, weil sie auf der Suche nach dem »wahren Islam« sind. Die Gefühle, die persönlichen und sozialen Probleme, können im Islamunterricht, wenn überhaupt, nur sporadisch angesprochen werden. Das reicht nicht.

Für muslimische Schüler ist es vor allem aus Gründen der Gleichberechtigung wichtig, dass der Islamische Religionsunterricht als Regelfach eingeführt wurde. Dabei geht es ihnen weniger um die Vermittlung substanzieller Kenntnisse in der islamischen Theologie als darum, dass sie gleichgestellt sind mit Schülern anderen Glaubens. Sie bekommen ihre Andersartigkeit nicht mehr zu spüren, indem sie die Zeit absitzen müssen, während ihre Klassenkameraden zum Katholischen oder Evangelischen Religionsunterricht gehen. Dies ist ein Aspekt, der bei der Diskussion um die Einführung des Islamischen Religionsunterrichts an öffentlichen Schulen viel zu wenig thematisiert wird. Die Integration muslimischer Schülerinnen und Schüler würde damit einen weiteren großen, auch nach außen sichtbaren Schritt vorankommen, wenn alle Schulen bundesweit den Islamischen Religionsunterricht – unter den richtigen Voraussetzungen wohlgemerkt – einführen würden.

Politik

Der Politik und den Politikern kommt eine nicht zu unterschätzende Rolle zu, wenn es darum geht, Jugendliche vor Extremismus zu schützen. Damit meine ich nicht nur, dass Gesetze erlassen werden, um extremistische Positionen zu verbieten. Damit meine ich vor allem politische Bildung als Beitrag zur Prävention. Es muss dafür gesorgt werden, dass eine umfassende Aufklärung über extremistische Ideologien stattfindet. Wir alle müssen für dieses Thema sensibilisiert und über die verschiedenen Formen des Extremismus informiert werden. Es muss also Aufgabe der Politik sein, dafür Sorge zu tragen, dass in der öffentlichen Wahrnehmung, in den Medien und im Bildungssektor die Problematik des Extremismus präsent ist und *sachlich* diskutiert wird. Dazu müssen die finanziellen und strukturellen Rahmenbedingungen geschaffen werden – auf Bundes-, Länder- und Kommunalebene.

Am dringendsten notwendig ist die Aufklärungsarbeit in den Schulen, den Jugendzentren, in Vereinen und in den Moscheegemeinden – überall dort, wo sich junge Menschen aufhalten. Die Informationsvermittlung muss alle erreichen, von den Verantwortlichen bis zu den Jugendlichen selbst. Nur so erreicht man eine wirksame Sensibilisierung für die Gefahren des Salafismus, fernab der in den Medien oftmals transportierten Klischees und verkürzten Darstellungen.

Das eine Extrem – hier der Salafismus – bedingt in der Regel das andere Extrem – den Islamhass –, und umgekehrt. Vorwiegend rechtspopulistische Politiker, aber auch einige Politiker aus der politischen Mitte und dem linken Spektrum tragen durch ihre überzogenen Forderungen mitunter dazu bei, dass der Salafismus stärkeren Zulauf erhält. Man erinnere sich an die aufgeregten Debatten um ein Verbot der religiösen Beschneidung von männlichen jüdischen und muslimischen Kindern. In dieser Debatte 2012 brachen sich zum Teil offen antisemitische und antimuslimische Äußerungen Bahn. Oder man denke an die unsäglichen Diskussionen um den Bau von Moscheen oder die Höhe der Minarette. Forderungen nach Verboten, nach Verbannung der Burka etwa. Das sind grundsätzlich alles diskutable Fragen, und selbstverständlich muss man sich darüber kritisch äußern dürfen. Aber in ihrem populistischen Eifer schießen Politiker oftmals über das Ziel hinaus. Es wird nach Ausweisung muslimischer Straftäter gerufen, nach Beschränkung der Einwanderung von Muslimen, nach schärferer Überwachung von Moscheen etc. Der Wunsch, auch Menschen fernab der politischen Mitte anzusprechen, ist nachvollziehbar, aber gesamtgesellschaftlich bewegt man sich damit auf einem schmalen Grat. Wer allzu plump agiert oder agitiert, festigt die gesellschaftlichen Frontstellungen. Durch radikale Forderungen werden Probleme vielleicht deutlicher benannt, aber letztlich provozieren sie oft nur eine heftige Gegenreaktion. Ob dann am Ende der positive Effekt überwiegt, weil bestimmte Missstände in der Hitze des Gefechts überhaupt erst an die Öffentlichkeit gelangt sind, oder der negative, weil sehr viel Porzellan zerschlagen wurde, lässt sich selten genau feststellen. Meist bleibt einfach nur das ungute Gefühl zurück, dass noch mehr Öl ins Feuer gegossen und unser aller Zusammenleben weiter erschwert wurde.

Ein gutes Beispiel ist die »Scharia-Polizei« in Wuppertal. Im Herbst 2014 streiften sich fünf junge Männer leuchtend orange Westen mit der Aufschrift »Sharia Police« über und sprachen Menschen auf der Straße an. Rechtlich ist klar: So etwas geht nicht. Nach zwei, drei Auftritten war der Spuk auch schon wieder vorbei. In dieser Zeit haben die »Jungs« allerdings das gesamte Land aufgebracht. Medien skandalisierten den Vorfall, aber auch höchste Politiker äußerten sich, Bundesminister, selbst die Bundeskanzlerin Angela Merkel sah sich veranlasst, hier noch einmal klarzustellen, dass wir in Deutschland keine »Scharia-Polizei« tolerieren würden. Am Ende war der ganze Wirbel dann vor allem eines: ein Riesen-PR-Coup für die Salafisten.

Natürlich müssen Medien über solche Vorgänge berichten dürfen. Aber es gibt eben Unterschiede in der Berichterstattung. Eine *Bild*-Zeitung macht mit der Geschichte auf, eine *Süddeutsche Zeitung* bringt eine etwas längere Meldung in der äußeren rechten Spalte auf Seite 5. Auch Politiker müssen sich natürlich dazu äußern dürfen. Aber eine kurze Einschätzung des zuständigen nordrhein-westfälischen Innenministers Ralf Jäger hätte es getan: »Niemand darf sich in Deutschland eine Uniform anziehen und Polizei spielen, das verbietet das Gesetz.« Und gut. Wenn wir die Salafisten nicht größer machen wollen, dann müssen Politiker und auch Medienvertreter – zumindest sofern Letztere nicht per se auf große Buchstaben und grelle Farben aus sind – sich die Frage stellen, ob ihre Herangehensweise möglicherweise die Falschen stärkt.

Es mag ein Zufall sein, aber nur eine Woche danach erließ die Bundesregierung ein Verbot sämtlicher Symbole des IS und lancierte den Vorstoß, künftig Vermerke in Reisepässen von sogenannten »Gefährdern« eintragen zu lassen. Gefährder nennen Sicherheitsbehörden Personen, von denen ihrer Ansicht nach eine Bedrohung für die Gesellschaft ausgeht. Durch diese Vermerke in Reisepässen könnte nach Ansicht der Politiker die Ausreise in die Türkei und damit auch nach Syrien oder in den Irak verhindert werden. Vor allem aber könnten Dschihadisten nicht ohne Weiteres wieder einreisen. Mitte Oktober 2014 wurden Pläne vorgestellt, Gefährdern statt eines Vermerks gleich einen Ersatzpersonalausweis für eine Zeit von bis zu eineinhalb Jahren auszustellen, der nicht zum Verlassen Deutschlands berechtigt. Die Umsetzung dürfte allerdings sowohl rechtlich – wie wäre das mit den Grundrechten vereinbar? – als auch praktisch – kann man jemanden zweifelsfrei und objektiv zum Gefährder erklären? – schwierig sein. Die Absichten der Bundesregierung zielen vielleicht in die richtige Richtung. Natürlich wäre es besser, wenn junge Leute erst gar nicht in die Kriegsgebiete ausreisen würden, wo sie Unheil anrichten können. Dennoch ist es nur eine Symbolpolitik, die in der Realität weniger Wirkung entfalten dürfte, als sie verspricht, und angesichts solcher »Kennzeichnungen« wächst natürlich auch immer die Sorge vor Stigmatisierungen.

Die Integrationspolitik steht vor erheblichen Problemen. In Deutschland lebende salafistische Muslime sind auch bei deutscher Herkunft weder anpassungs- noch kompromissfähig – und integrationsunwillig. Sie sehen sich nicht als Bürger des deutschen Rechtsstaats, in dem ein von Menschen gemachtes Straf- und Zivilrecht gilt. Wenn es aber nur um ihr äußeres Erscheinungsbild geht, zum Beispiel knöchellange Gewänder oder Vollbart ohne Oberlippenbehaarung, muss unsere Demokratie und unsere pluralistische Gesellschaft das schon aushalten, obwohl diese Fanatiker damit sichtbar machen wollen, dass sie anders sind und auch anders denken als die meisten Menschen hier in diesem Land. In solchen Fällen trifft der an der Kleidung festgemachte Vorwurf der »Integrationsunwilligkeit« durchaus zu, leider wird das aber im öffentlichen Diskurs verallgemeinert und auf viele andere Muslime und Musliminnen übertragen – etwa weil sie ein Kopftuch tragen. Das ist in den meisten Fällen blanker Unsinn. Wenige Musliminnen möchten mit ihrem Kopftuch ein politisches Statement geben. Das Kopftuch an sich ist nicht »die Flagge des Islamismus«, wie die »Islamkennerin« Alice Schwarzer einst hinausposaunte. Solche Klischees entspringen vor allem dem islamfeindlichen Diskurs in Deutschland. Der politische Salafismus weiß solche Fehleinschätzungen und Vorurteile der deutschen Mehrheitsgesellschaft für seine Zwecke zu nutzen. Durch unüberlegte Aktionen von Politikern und anderen öffentlichen Personen fühlen sie sich in ihrer Überzeugung bestärkt, dass das Recht und die Wahrheit auf ihrer Seite seien.

Die Religiosität des Einzelnen ist Privatsache und sollte es auch bleiben. Es muss eine ganz persönliche Entscheidung sein, wie religiös jemand lebt und wie offen er seine Religiosität zeigen möchte. Einige muslimische Frauen haben sich dafür entschieden, ihre Religiosität nach außen hin zu zeigen. Das müssen wir akzeptieren.

Viele Menschen in Deutschland können oder wollen das aber nicht. Wir Deutschen haben ein Rassismus-Problem. Eher latent vorhanden als grassierend, mal richtet es sich verstärkt auf Sinti und Roma, dann wieder mehr auf Muslime. Auf hohem Niveau relativ konstant bleibt der Antisemitismus. Bei geringen Schwankungen bewegt er sich in der Regel – und je nach Studie – zwischen etwa 20 bis maximal 30 Prozent des Bevölkerungsanteils. Was den antimuslimischen Extremismus oder die Islamfeindlichkeit betrifft, so haben wir es mit einem relativ jungen Phänomen zu tun. Zwar gab es schon immer antimuslimische Ressentiments in Europa – man denke nur etwa an den Reformator Martin Luther im 16. Jahrhundert –, aber die heutigen Erscheinungsformen sind neu und haben sich im Grunde erst nach den Anschlägen vom 11. September 2001 in den USA herausgebildet. Erst seit 2008/09 hat die Wissenschaft begonnen, sich intensiver mit diesem Phänomen zu beschäftigen. Bei der Islamfeindlichkeit, die eine Form der gruppenbezogenen Menschenfeindlichkeit darstellt, sind die Werte weit höher als bei allen anderen betroffenen Gruppierungen. »Islamfeindschaft ist das neue Gewand des Rassismus«, titelte im Juni 2014 der Nachrichtensender N24. Bei manchen Befragungen, die die Islamfeindlichkeit messen sollten, liegen Einzelwerte bisweilen bei 60 bis 80 Prozent der Westdeutschen, bei Ostdeutschen mitunter noch etwas höher. Damit befindet sich Deutschland weitgehend im Einklang mit seinem europäischen Umfeld. Deutschland hebt sich jedoch dadurch positiv ab, dass sich bislang noch keine islamfeindliche populistische Partei etablieren konnte, anders als in den Niederlanden, in Österreich, der Schweiz, in Großbritannien oder Frankreich. Das darf aber nicht darüber hinwegtäuschen, dass wir Deutschen ein Problem mit dem Islam und der Islamfeindlichkeit haben. »Pegida« lässt grüßen. Und ich glaube auch, dass das Feindbild Islam uns noch mehrere Jahrzehnte beschäftigen wird. Wenn wir dem Salafismus vorbeugen wollen, so eine meiner Erkenntnisse aus der Beschäftigung mit ihm, dann müssen wir auch alle gemeinsam gegen die Islamfeindlichkeit im Land angehen, und das ist maßgeblich eine Aufgabe von Politik.

Stellen Sie sich vor, Sie werden als Muslim oder Muslimin in eine Zeit hineingeboren, in der Sie tagtäglich hören können: »Muslime machen nur Probleme, der Islam ist rückständig und menschenverachtend, diese Religion gehört auf keinen Fall nach Deutschland, Muslime sollten wieder dahin zurückgehen, woher sie gekommen sind.« Und machen Sie sich bewusst, dass solche Sprüche nicht nur hinter vorgehaltener Hand ständig wiederholt werden. »Das wird man ja wohl noch mal sagen dürfen, dass der Islam eine üble Sache ist« – so etwas ist von Bürgern aller Schichten an prominenten Stellen im Fernsehen zu vernehmen. Mit derartigen Äußerungen werden unsere Kinder, die ab Mitte der Neunzigerjahre geboren wurden, immer wieder konfrontiert. Und glauben Sie mir, es interessiert Kinder und Jugendliche in dem Alter kein bisschen, ob IS-Terroristen oder andere Gewalttäter solche Sichtweisen befördern. Sie nehmen primär eines wahr: »Wir werden als Muslime anders behandelt.« Wenn sie klug sind, sagen sich die Jugendlichen vielleicht: »Ich will eh kein Muslim sein. Jedenfalls nicht primär. Deutsch sein kann ich auch nicht so ohne Weiteres, das streiten nun mal viele meiner Mitbürger ab. Also will ich primär als Anwalt wahrgenommen werden, als Politiker, Autorin, Intellektuelle…« Das interessiert die Öffentlichkeit aber nicht. Sie nimmt Sie in Zeiten der zunehmenden Islamfeindlichkeit trotzdem nur als Muslim oder Muslimin wahr. »Ja, Sie arbeiten in der Finanzpolitik, ich weiß, aber Sie sind ja auch Muslim, wie stehen Sie denn zur IS-Terrorgruppe?« Da können Sie machen, was Sie wollen. Sobald jemand muslimischen Glaubens ist, haben sämtliche anderen Facetten seiner Persönlichkeit scheinbar keine Bedeutung mehr. *Ein möglicher Weg, damit umzugehen, ist dann eben, sich ins offenkundig Unvermeidliche zu fügen:* »Gut, dann bin ich eben Muslim. Aber dann voll und ganz.« Und genau hier setzen die Salafisten an.

Jetzt stellen Sie sich weiter vor, Sie kommen aus einem problematischen Elternhaus, sind weniger gebildet und leben in einem strukturschwachen Viertel. Konfrontiert werden Sie dort mit denselben Vorurteilen und Vorwürfen. Nur können Sie nicht so gut argumentieren, Ihre Lage nicht so gut analysieren und »angemessen« reagieren. Sie antworten lieber mal mit einem gezielten Faustschlag. Wenn Sie dann auf einen Salafisten treffen, der Ihnen den Pfad des Handelns und der vermeintlich legitimen Gewalt aufzeigt, dann erscheint Ihnen das vielleicht als eine attraktive Perpektive.

Was könnte Integrationspolitik hier leisten? Dazu möchte ich vorausschicken, dass meiner Meinung nach in der Integrationspolitik nicht ständig Muslime thematisiert und problematisiert werden sollten. Es ist eine Aufgabe der Integrationspolitik, dafür zu sorgen, dass *alle* friedlich miteinander leben. Und wir müssen uns in puncto Religion grundsätzlich mit der Frage auseinandersetzen, in welchem Maß darüber verhandelt werden sollte. Das ist nicht nur ein Anliegen des Islam. In der Beschneidungsdebatte war das Judentum betroffen. Kollegen aus den christlichen Kirchen beklagen ebenfalls seit Langem, dass der Wind der Säkularisten ihnen immer stärker ins Gesicht bläst. Die politische Diskussion sollte der Frage einer ausgewogenen Gewichtung von Religion innerhalb eines säkularen Rechtsstaats und umgekehrt des säkularen Anteils einer Religion ganz generell nachgehen.

Ebenfalls ganz allgemein ist zu fragen: Inwieweit soll und darf Religion in das öffentliche Leben hineinwirken? Man denke hier an Bildungseinrichtungen religiöser Träger. Inwieweit darf die Kirche bestimmen, wen sie einstellt? Inwieweit darf die Kirche bestimmen, wem katholische Kliniken die »Pille danach« verschreiben – oder verweigern? Inwieweit darf ein islamischer Beirat darüber bestimmen, ob eine Lehrerin mit nicht muslimischem Ehemann Islamischen Religionsunterricht erteilen darf oder nicht? Das sind Grenzfragen, die uns weiter beschäftigen sollten. Das muss im gesellschaftlichen Diskurs verhandelt werden. Der säkulare Rechtsstaat bejaht Religion, und wenn ein Konsens darüber fortbesteht, dass Religion einen Platz in dieser Gesellschaft einnimmt, dann muss das für alle Religionen gleichermaßen gelten. Und wenn wir uns dagegen aussprechen, dann haben wir einen Laizismus und der muss für sämtliche Religionen gelten. Warum? Weil der Geist unseres Grundgesetzes jedem Bürger die gleichen Rechte zumisst. Weil unsere gesellschaftliche Zusammensetzung eben nicht mehr so homogen ist wie nach 1945. Gesellschaften sind stets im Fluss. Sie ändern sich ununterbrochen. Auf längere Sicht müssen sich staatliche Strukturen nach demokratischen Prinzipien diesem Umstand anpassen. Nicht umgekehrt. Man kann keine sich wandelnde Gesellschaft langfristig in überkommen staatliche Strukturen pressen. Aber an diese Aufgaben trauen sich die Politiker unserer Volksparteien nur vorsichtig heran. Auch deshalb fällt im Moment die ganze Diskussion eher zum Nachteil des Islam aus. Eine weitere Vorlage für salafistische Vordenker.

Wie es in der Zukunft aussieht, können wir heute nicht wissen: Diejenigen, die sich von der Religion abwenden oder ohne Religion aufgewachsen sind, machen in Deutschland etwa 30 Prozent aus, Tendenz steigend. Wir erleben kaum mehr einen Tag, an dem Religion nicht in einem negativen Kontext gezeigt wird. Das mag ein Grund dafür sein, dass viele Menschen Religion früher oder später gänzlich ablehnen.

Das Phänomen des Salafismus ist im Grenzbereich

zwischen Religion und Politik angesiedelt. Als Gegenreaktion auf liberale Strömungen zeigen sich oft verstärkt radikale Tendenzen. Vermutlich ist das Aufkommen eines liberalen Islam in Deutschland mit ein
auslösendes Moment dafür, dass gegenwärtig der Salafismus oder auch weniger fundamentalistische Glaubensrichtungen erstarken.

Wir leben in einer Demokratie, die vom Pluralismus
geprägt ist, vom Antagonismus unterschiedlicher Positionen. Diese Dynamik treibt unsere Gesellschaft an.
Auch radikale Strömungen haben somit in der Demokratie eine Daseinsberechtigung – sofern sie die Gesetze achten. Aber wir dürfen nicht nur, wir *müssen* sie
kritisieren, ihre negativen Effekte, ihre schädlichen
Folgen aufzeigen. Das gilt auch für Bewegungen wie
die Pegida. Mit den meisten der Organisatoren und
Wortführer kann und sollte man meiner Meinung nach
nicht sprechen. Ressentiments brauchen Widerstand.
Wer extremistische Auffassungen vertritt, hat sich als
ernstzunehmender gesellschaftlicher Diskussionspart-
ner meines Erachtens disqualifiziert. Nun fällt es mir
auch zugegebenermaßen schwer, Verständnis für Leute
aufzubringen, die gedankenlos als Mitläufer bei dieser
Bewegung mitmachen. Hier handelt es sich überwiegend um erwachsene Bürger, oftmals im Rentenalter.
Von denen muss man schon verlangen, Verantwortung
für ihr Handeln zu übernehmen. Nichtsdestotrotz ist
zur Kenntnis zu nehmen, dass hier zum Teil auch echte
Ängste zum Ausdruck kommen. Und um jeden, den
ernsthaft Sorgen umtreiben, muss man sich kümmern.

Das ist jedoch nicht so einfach, solange diese Menschen sich zu Pegida bekennen. Das anfänglich zum Teil abenteuerliche Herumgeeiere unserer Politiker in Bezug auf dieses Thema ist jedenfalls kontraproduktiv. Es ist eine Mischung aus offener Ablehnung und dem gleichzeitigen Versuch, die zum Ausdruck gebrachten Sorgen zu berücksichtigen. Mit jeder Mahnung aber, die Sorgen von Pegida ernst zu nehmen, suggeriert man, dass an der im Namen der Bewegung angeprangerten »Islamisierung des Abendlandes« ja wohl doch etwas Wahrhaftes dran sein muss. Und das stärkt zum einen die Bewegung und zum anderen die Islamfeindlichkeit nur noch mehr. Einen Schritt weiter gedacht, bedeutet das wiederum neue Propaganda-Nahrung für den Salafisten. So funktioniert die Radikalisierungsspirale.

Man darf extremen Strömungen nicht mehr Raum und Aufmerksamkeit zukommen lassen, als ihnen gebührt. Es ist eine entscheidende Leistung einer »aufgeklärten« Gesellschaft, die Vielfalt wahrzunehmen und sich darüber zu verständigen oder zu streiten, ohne ins eine oder andere Extrem zu verfallen.

Wir alle haben die Gefahren, die vom politischen Salafismus ausgehen, zunächst unterschätzt. Anfangs hat man den Salafismus als Sekte wahrgenommen, als Sammelbecken einiger weniger durchgeknallter »Jünger«. Zunächst gab es ja auch nur wenige die sich den Salafisten angeschlossen haben. Viele Muslime fragen sich nun: Hätten wir denn früher eingreifen können? Hätten wir schon zu einem früheren Zeitpunkt präventiv handeln können? Ich meine ganz klar: ja. Spätestens seit dem 11. September 2001 wusste die Welt – und auch die muslimische Welt –, dass radikale und extremistische Auslegungen des Islam Auftrieb bekommen haben und uns überall auf der Welt bedrohen. Und es blieb nicht beim Angriff von 9/11, wir erinnern uns an die islamistischen Anschläge von Madrid oder London. In den Ländern Europas ist die Bedrohung ebenfalls seit längerer Zeit ganz konkret. Spätestens seit diesen Ereignissen hätten wir uns als Muslime mit der politischen und gefährlichen Dimension des Islam viel stärker auseinandersetzen müssen.

Der Umgang mit potenziellen Kämpfern und Rückkehrern

Neben einer frühzeitig einsetzenden Prävention hat die deutsche Politik die Aufgabe, sich mit akuten Gefahren zu befassen. Dazu gehört auch der Umgang mit den Rückkehrern aus Syrien. Man kann sie in mehrere Gruppen unterteilen: Die erste Gruppe bilden die Rückkehrer, die sich nur vor der syrischen Grenze befunden haben und im letzten Moment entschieden haben, sich lieber doch nicht an die Schleuser zu wenden, die sie über die Grenze ins Kriegsgebiet bringen sollten. Sie machten kehrt und fuhren wieder zurück nach Deutschland, vermutlich oft aus Angst, sich tatsächlich an einem Krieg, ohne Garantie auf Rückkehr ins alte Leben, zu beteiligen. Am Ende stoppt diese jungen Leute die Angst vor der eigenen Courage.

Die zweite Gruppe von Rückkehrern besteht aus den Jugendlichen, die sich nur eine kurze Zeit in Syrien befunden haben. Nach ihrer Ankunft kommen die Rekruten in Dörfern oder Städten beziehungsweise deren Vororten unter. Von dort aus wenden sie sich an die Rekrutierungsbüros beziehungsweise die Kontaktpersonen. Sie werden nicht gleich in die Kampfgebiete gebracht. Zunächst werden die Freiwilligen überprüft, um zu verhindern, dass jemand – aus Sicht der Dschihadisten – mit unlauteren Absichten kommt, beziehungsweise um zu klären, wofür die jungen Rekruten zu gebrauchen sind oder in welchen Ausbildungslagern man sie unterbringen soll. Oftmals dauert das seine Zeit. Zeit, in der sie nachdenken können, in denen die Zweifel wachsen können. Manche der jungen Leute bemerken nach nur wenigen Tagen, dass die Beteiligung an dieser Art Bürgerkrieg doch keinen besonderen Reiz mehr auf sie ausübt. Enttäuschte Erwartungen spielen eine Rolle – und wiederum die eigenen Skrupel. Solche Jugendlichen kehren dann nach wenigen Wochen wieder zurück nach Deutschland.

Die dritte Gruppe sind die jungen Menschen, die unter Umständen mehrere Wochen und Monate am Bürgerkrieg teilgenommen haben. Sie können allerdings nur dann zurückkehren, wenn den deutschen Behörden keine Beweise für ihre Teilnahme an Kampfhandlungen vorliegen. Andernfalls würden sie bei der Wiedereinreise sofort festgenommen.

Manche kehren dem Krieg den Rücken, weil sie das Morden leid sind und genug Gewaltakte und -exzesse mitgemacht haben. Wenn es ihnen gelingt, aus den Fängen der Dschihadisten zu entkommen, suchen sie Frieden und Ruhe. Wenn die Rückkehrer aber dem Kampf nicht abgeschworen haben, könnten sie in Deutschland vor allem zwei Ziele verfolgen. Zum einen könnten sie von den Terroranführern vor Ort wieder zurück in die sogenannte Heimat geschickt worden sein, um weiter Propaganda für den IS zu betreiben. Im Vordergrund steht dann die Dawa-Arbeit, sprich Mission beziehungsweise die Anwerbung neuer Kämpfer. Diese Rückkehrer sind zudem für die in Deutschland ansässigen Unterstützervereine sehr wichtig. Das sind Vereine und Zusammenschlüsse, die offiziell Spendengelder für inhaftierte Muslime sammeln oder auch Briefe schreiben, um die Häftlinge moralisch aus der Ferne zu unterstützen. Manche sammeln auch Gebrauchsgegenstände und medizinische Güter, die für die Zivilbevölkerung deklariert werden, aber an die dschihadistischen Kämpfer vor Ort gehen. Rückkehrer sind für die Verantwortlichen dieser Gruppe »authentische« Stimmen, die davon berichten können, was aktuell im Kriegsgeschehen vor sich geht und welche Hilfe benötigt wird. Solche Aktivitäten sind in Deutschland durchaus ausgeprägt, was für all diejenigen, die ernsthaft der Zivilbevölkerung des geschundenen Syriens helfen wollen, eine Katastrophe ist. Bei der Spendenwerbung stoßen sie oftmals auf Skepsis und geschlossene Türen.

Das Fatale an den Unterstützer- und Spendenvereinen ist, dass sie sich einen humanitären Anstrich geben und sich damit unauffällig organisieren. Der deutsche Staat kann hier nur schwer eingreifen, denn es ist auch für die Sicherheitsbehörden nicht immer leicht erkennbar, was die wahren Absichten solcher Vereine sind. Selbst wenn die karitativen Zwecke nachweislich verfolgt werden, kann trotzdem eine direkte Unterstützung des IS damit verbunden sein. Das moralisch höchst Verwerfliche an diesen Unterstützergruppen ist, dass sie all jenen schaden, die tatsächlich nur der leidenden Zivilbevölkerung helfen wollen. Auch viele Jugendliche glauben, durch ein Engagement für diese Gruppen Gutes zu tun. Ihnen geht es nicht um die Unterstützung von Dschihadisten – sie sind überzeugt, Zivilisten zu helfen. Informierte Bürger halten sich mit ihrer Spendenbereitschaft zurück, weil sie befürchten, ihr Geld könne in die falschen Hände gelangen, was wiederum den seriösen Hilfsorganisationen schadet. Wer sicher gehen will, dass seine Spenden nicht missbraucht werden, kann im Grunde nur noch an die großen namhaften Hilfsorganisationen spenden oder an Leute, die man persönlich kennt.

Ein weiteres Ziel der Rückkehrer könnte schließlich sein, in Deutschland Anschläge zu planen und durchzuführen. Bis dato wird diese Gefahr als sehr gering eingeschätzt. Zum wiederholten Mal sagte im August 2014 der Chef des Bundesamtes für Verfassungsschutz, Hans-Georg Maaßen, es gebe keine konkreten Hinweise auf geplante Anschläge.

Bei der Bewertung einer potenziellen Gefährdung unserer Gesellschaft durch die Rückkehrer wird man also herausfinden müssen, inwieweit diese jungen Menschen inhaltlich noch dem IS nahestehen und welcher der oben genannten Gruppen sie angehören. Wenn ein junger Mann nach Deutschland zurückkehrt und aus innerer Überzeugung von seiner Position abrückt und die im Namen Gottes verübten Terrorakte verurteilt, wird die Gefährdung vermutlich nicht mehr allzu hoch liegen. Doch auch hier besteht Handlungsbedarf, sofern der Betreffende Zeuge oder Teilnehmer von Terrorakten war. Der *Spiegel* (November 2014) weist darauf hin: »Ein Reintegrationsprogramm aber für Rückkehrer gibt es nicht. Keine Psychologen, keine Selbsthilfegruppen, nur die Mittel des Rechtsstaats.«

Wenn junge Menschen aus Angst vor dem Kriegseinsatz zurückkehren, aber inhaltlich die Taten des IS immer noch gutheißen, stellen sie nach wie vor eine nicht zu unterschätzende Gefahr dar. Sie betreiben weiter Propaganda, prahlen mit ihrem dortigen Aufenthalt – und bestärken sich und andere darin, wieder und vermehrt nach Syrien oder in den Irak zu reisen.

Die Gruppe der kampferfahrenen Rückkehrer ist nicht sonderlich groß. Nach Angaben des Verfassungsschutzes sind bis zum Spätsommer 2014 etwa 180 in Syrien oder dem Irak eingesetzte (para-)militärisch ausgebildete Kämpfer wieder zurückgekehrt. Es handelt sich also um keine Massenbewegung, und daher gibt es auch keinen Grund zur Panik. Trotzdem stellen auch diese wenigen ein Risiko für unsere Gesellschaft dar. Man muss davon ausgehen, dass sie in der Lage sind, mit Waffen, auch schweren Waffen, umzugehen, und mit hoher Wahrscheinlichkeit skrupellose Mörder sind. Sie verfügen über Erfahrungen in der Organisation terroristischer Akte. Vermutlich halten sie Verbindungen zur terroristischen Szene im Ausland. Selbst wenn sie nicht »organisiert« an Anschlagsplänen arbeiten, geht von ihnen zumindest die Gefahr eines Alleingangs aus.

Der Attentäter von Brüssel, der im Mai 2014 das Jüdische Museum überfallen und vier Personen erschossen hat, gilt als Einzeltäter, als sogenannter *lone wolf,* der im stillen Kämmerlein gesessen hatte und irgendwann zu seiner Tat aufgebrochen war, ohne jemandem davon zu erzählen. Der 29-jährige Franzose war zuvor in Syrien aktiv und soll dort – insbesondere ausländische, französische – Gefangene des »Islamischen Staates« bewacht und gefoltert haben. Der Deutsche Arid Uka radikalisierte sich binnen kürzester Zeit unter anderem mithilfe von Salafistenvideos im Internet und konnte als Einzeltäter am Frankfurter Flughafen zwei US-Soldaten töten, zwei weitere verletzen. Diese Tat, die als erster islamistischer Anschlag in Deutschland gilt, hatte der Staat nicht vorhergesehen, sodass der Täter nicht rechtzeitig abgefangen werden konnte. »Einsame Wölfe« stellen jedoch für jedes politische System eine große Gefahr dar.

Darum besteht eine der Hauptaufgaben des deutschen Verfassungsschutzes darin, genau zu kontrollieren, ob und inwieweit ein Rückkehrer für uns gefährlich werden könnte. Wenn man ihm die Teilnahme am Bürgerkrieg nachweisen kann, wird er vor Gericht gestellt und zur Rechenschaft gezogen. Sollte dies nicht möglich sein, weil es nur Indizien für eine Teilnahme am Bürgerkrieg gibt, müssen er und sein Umfeld weiterhin beobachtet werden. Und selbst dann gibt es keine Garantie, Gewalttaten von IS-Sympathisanten in Deutschland verhindern zu können.

Ohne Hysterie schüren zu wollen, möchte ich deutlich machen: Ich halte es zumindest für wahrscheinlich, dass es in absehbarer Zeit zu Übergriffen oder Anschlägen von dieser Seite kommen wird. Diese Wahrscheinlichkeit, die auch von Sicherheitsbehörden hinter vorgehaltener Hand geteilt wird, soll vor allem verdeutlichen, wie wichtig es für uns alle ist, endlich das Heft des Handelns in die Hand zu nehmen. So ein Anschlag kann sich in den nächsten Wochen ereignen, oder es kann auch noch einige Jahre dauern, bis es Menschen hier vor Ort gelingt, Gewalt im Namen des Islam auszuüben. Die Radikalisierung in den Kampfgebieten und die große Islamfeindlichkeit in unserem Land leisten Extremismus und Terrorismus weiter Vorschub. Wir wissen von einigen islamistischen Anschlagsplänen, die von unseren Behörden durchkreuzt worden sind. Diese Gruppen planten Wochen, Monate oder gar jahrelang Terroranschläge in Deutschland, die zum Glück scheiterten. Allerdings bezweifle ich, dass es den hiesigen Behörden gelingen wird, alle Planungen aufzudecken und aufzuhalten. Irgendwann wird es weitere Einzeltäter geben, auf die es vorher keinerlei Hinweise gab, die sich von irgendwoher hervorwagen und versuchen, Menschen zu töten. Ein einzelner potenzieller Gefährder kann sehr wohl durch das Fahndungsraster der Sicherheitsbehörden fallen.

Sollte es Anschläge in Deutschland geben, wird sich die Islamdebatte in diesem Land weiter zuspitzen. Die Deutschen sind es inzwischen seit Jahrzehnten gewohnt, dass keine größeren Anschläge im Land verübt wurden, also anders als etwa Franzosen oder Briten. Das heißt, die Deutschen wären besonders schockiert. Jeder Anschlag oder auch Amoklauf brächte zudem die Angst mit sich, dass es Nachahmer gebe. In der Folge würden vermehrt die bekannten aufgeregten Debatten um Gesetzesverschärfungen geführt, möglicherweise bald auch umgesetzt, egal, ob sie für die Praxis wirklich effektiv wären oder ob dadurch nur die Bevölkerung beruhigt werden soll. Die deutschen Muslime würden vermehrt unter Generalverdacht gestellt. Rechtspopulisten würden auf den Plan gerufen, die weiter Stimmung gegen den Islam machten, nicht nur gegen den Islamismus. Man müsste mit einzelnen Übergriffen auf Einrichtungen und Personen rechnen. Auch die gewaltbereiten Rechtspopulisten haben ja an Zulauf gewinnen können, wie man an der Bewegung »Hooligans gegen Salafisten« ausmachen konnte, die im Herbst 2014 in Köln randaliert hatte. Diese Hooligans geben zwar ähnlich wie Pegida vor, gegen Fanatismus zu sein, machten aber auf der Straße deutlich, dass sie ein »handfestes« Problem mit Muslimen haben.

Es würde für alle Seiten ungemütlicher werden, da bin ich mir sicher. Man kann auch damit rechnen, dass viele Menschen in Deutschland auf die Straße gehen würden, um sich mit den Opfern zu solidarisieren und dem Islamismus eine deutliche Absage zu erteilen. Gewiss würde es auch Stimmen geben, die zu Zurückhaltung aufriefen, die beschwichtigten. Glücklicherweise! Sie würden dann zu Recht darauf hinweisen, dass jährlich Zehntausende Menschen durch Krankenhauskeime sterben und damit wesentlich mehr als durch Terroranschläge, dass die Wahrscheinlichkeit, bei anderen kriminellen Gewalttaten oder im Straßenverkehr sein Leben zu verlieren, ebenfalls wesentlich höher sei, als von einem Terroristen getötet zu werden. Doch Terroranschläge werden von vielen nicht rational betrachtet. So hoffe ich inständig, dass ich mich täusche. Denn auch mir macht das alles Angst.

Die Maßnahmen, die Innen- und Sicherheitspolitiker derzeit treffen, scheinen zwar von dem ernsthaften Wunsch geprägt zu sein, die Gesellschaft vor potenziellen salafistischen Verbrechern zu schützen. Die Ansätze gehen auch in die richtige Richtung, und dennoch ist vieles noch unausgegoren, vielleicht aus einem Aktionismus heraus in die Wege geleitet. Gegen das Verbot von salafistischen Organisationen beispielsweise ist zunächst nichts einzuwenden. Als Reaktion, um die Gesellschaft schnell zu beruhigen, ist es für mich allerdings eher zweifelhaft. Außerdem ist es fraglich, wie effektiv solche Verbote tatsächlich sind. Ich fürchte, dass der Haupteffekt sein wird, dass die Extremisten in den Untergrund abgedrängt werden. Während Verbote auf die Bevölkerung vielleicht eine beruhigende Wirkung entfalten, werden sich salafistische Ideologen davon sicher nicht abschrecken lassen. Propaganda oder das Werben um Geld und neue Rekruten für den IS werden sich damit in Deutschland zwar eingrenzen, aber sich nicht gänzlich stoppen lassen. Diesem Eindruck muss man entgegentreten. Salafisten werden andere Mittel und Wege suchen und finden, um mit neuer Tarnung weiterzumachen. Unter dem Dach eines Hilfsvereins etwa, ganz sicher über das Internet. Die Server der Betreiber dieser Seiten sitzen schon in Ländern, auf die wir keinen Zugriff haben.

Effektiver scheint da schon das Verbot von Symbolen des IS zu sein. Für den Salafisten mit seinem Anspruch, den Dschihad zu führen, sind T-Shirts und andere Accessoires mit szenetypischen Symbolen und Sprüchen durchaus wichtig. Sie sind identitätsstiftend, sie machen deutlich, für welche Weltanschauung man steht, sie sind ein Bekenntnis. Eine Jugendprotestkultur wie der politische Salafismus braucht wie jede andere Embleme und Kleidungsstücke zur Stärkung der Gemeinschaft, als eine Art Uniformierung, zur kollektiven Provokation der Umwelt. Deshalb sind Verkaufsartikel als Werbeträger für den IS ein wichtiges strategisches Instrument.

Es gibt zwei Grundtypen salafistischer Bekleidungsstile. Die einen bevorzugen wallende Gewänder beziehungsweise knöchellange weite Stoffhosen. Sie tragen einen Vollbart, oftmals mit rasierter Oberlippe, und ein Häkelkäppi als Gebetsmütze. Die anderen treten eher in Schwarz auf, gerne in Pullover, T-Shirt oder Hoodies

(Kapuzenpullis). Darauf ist vor allem das islamische Glaubensbekenntnis *Lā ilāha illā llāh wa-Muhammad rasūl Allah* (»Es gibt keinen Gott außer Gott, und Muhammad ist sein Gesandter«) in weißer arabischer Schrift zu sehen, wie bei dem Jugendlichen auf dem Cover dieses Buchs, oder eine Abwandlung des Markenzeichens der Firma Adidas, bei der der Schriftzug durch den Namen »*alqaida*« ersetzt wird. Dazu wird gerne auch Camouflagebekleidung getragen.

Die äußerlichen Unterschiede in der Bekleidung gehen zum Teil auf ideologische Differenzen zurück. Während Erstere durch ihre wallenden Gewänder eher ihre Zugehörigkeit zum puristischen Salafismus deutlich machen wollen, bringen Letztere ihre Sympathien für politische beziehungsweise dschihadistische Gruppierungen zum Ausdruck – insbesondere wenn das Glaubensbekenntnis mit einem ganz bestimmten Schrifttyp und in einer speziellen Anordnung dargestellt wird. Oben stehen dann in Weiß die arabischen Buchstaben für *Lā ilāha illā llāh* (»Es gibt keinen Gott außer Gott«), und darunter ist ein leicht deformierter weißer Kreis aufgedruckt mit den Worten *Allah, rasūl, muhammad* (»Gott, Gesandter, Muhammad«) in schwarzer arabischer Schrift. Dieser Kreis soll das sogenannte Prophetensiegel darstellen – also etwas wie einen Stempel. Muhammad gilt im Islam als der letzte aller Propheten, der von Gott gesandt wurde – er ist somit das »Siegel der Propheten«. Damit in der Ansicht des Stempels nicht Muhammad über Allah steht, muss man den arabischen Satz von unten lesen – Muhammad ist der

Gesandte Gottes, nicht umgekehrt. Diese Darstellung dient den IS-Terroristen oder auch der somalischen Islamistenmiliz al-Schabaab als Kennzeichen und wird von ihnen zumeist auf Fahnen abgebildet. Seit 2014 ist das Verwenden und das Zeigen dieses Kennzeichens in Deutschland gesetzlich verboten.

Auch Leute, die nach außen als puristische Salafisten auftreten, tragen manchmal die typische schwarze Kleidung. Pierre Vogel beispielsweise, der in der Regel in wallenden Gewändern auftritt, zeigte sich im Internet auch im schwarzen Dschihadistenoutfit. So, wie in der Realität zumeist die einzelnen salafistischen Strömungen verschwimmen, sind auch die Anhänger nicht allein anhand ihrer äußeren Erscheinung klar unterscheidbar.

Ich denke, dass das dazugehörige Dschihadmerchandising nicht vorrangig finanziell motiviert ist. Die Bekleidung muss ja irgendwo produziert und verkauft werden, und so groß ist die knapp 7000 Mitglieder umfassende Salafistenszene nicht, als dass man mit ihr viel Geld verdienen könnte. Der Vertrieb läuft weitgehend übers Internet. Allerdings gibt es in Deutschland auch Geschäfte, die man aufsuchen kann. Diese bieten dann selbstverständlich nicht unmittelbar »Salafistenartikel« an, sondern die Inhaber treten als Verkäufer von muslimischen Bedarfsartikeln auf wie eben traditionelle arabische Bekleidung, religiöse Bücher, Moschus, arabisches Wurzelholz zum Zähneputzen etc. Auch Sven Lau, ein weiterer bekannter deutscher Salafistenprediger, der sich ebenfalls so kleidet, wie es seiner Überzeugung nach die Gefährten des Propheten Muhammad getan haben, hat ein Geschäft betrieben. Das Verbot von Symbolen des IS in Deutschland war im Grunde längst überfällig. Wie gesagt, in vielen Punkten erscheint mir die Intention des deutschen Staates als absolut richtig. Das gilt auch für den bereits beschriebenen Versuch, gewaltbereite Salafisten an der Ausreise zu hindern. Natürlich ist es besser, wenn man solche Menschen vor einer »Dummheit« bewahrt. Doch hochproblematisch finde ich den Ansatz, potenziellen Gefährdern den Personalausweis wegzunehmen. Wir sprechen hier immerhin über Eingriffe in die Grundrechte. An welchem objektiven Maßstab will man denn bemessen, ob jemand wirklich ausreist, um sich einer Terrororganisation anzuschließen? Reicht es, nur einmal eine entsprechende Andeutung gemacht zu haben? Reicht es, auf den falschen Seiten gesurft zu sein? Wie viele Unschuldige sind wohl durch die Terrorgesetzgebung der vergangenen Jahre zu Opfern geworden? Und da muss man nicht gleich an die Insassen des amerikanischen Gefangenenlagers Guantánamo auf Kuba denken. In einem demokratischen Rechtsstaat darf nicht ein einziger Unschuldiger Opfer des Rechtssystems werden.

Auch die Wirkung der geplanten Ausweisvermerke ist höchst sensibel zu betrachten. Kaum war der Vorschlag des Bundesinnenministeriums bekannt, entwickelte sich auf meiner Facebook-Seite eine aufgeregte Diskussion. Es dauerte nicht lange, da wurden die ersten Bezüge zur Politik der Nationalsozialisten gegenüber den Juden gepostet. Das ist natürlich völlig überzogen und unbegründet, sachlich und moralisch falsch, was auch von vielen anderen Usern deutlich gemacht wurde. Aber diese Postings zeigen, welche Emotionen solche politischen Vorstöße auslösen, wie heikel Angelegenheiten sind, die Minderheiten betreffen. Minderheiten haben es in einer Mehrheitsgesellschaft schwer, daher mein Appell: Hier bitte mindestens zweimal nachdenken, bevor man einen Schritt macht.

Bei all der Verbots- und Gesetzeserlasspolitik darf nicht außer Acht gelassen werden, dass wir damit immer nur die Folgen der Radikalisierung bekämpfen. Verbote erfolgen meist dann, wenn bereits alles zu spät ist. Viel wichtiger ist es daher meines Erachtens, die bereits begonnene Präventionsarbeit weiter auszubauen.

Öffentlicher Diskurs und die Medien

Um unser öffentliches Bild vom Islam ist es nicht gut bestellt. Studien zufolge findet die Berichterstattung über die Religion des Islam zu drei Vierteln im negativen Kontext vor allem von Gewalt und Terror statt – obwohl Milliarden Menschen und damit die überwältigende Mehrheit aller Muslime sehr friedlich leben. Die Medien stehen hier in einer großen Verantwortung. Natürlich ist es ihre Aufgabe, die Sachverhalte wahrheitsgemäß darzustellen, zugleich sollten sie aber möglichst auch die Realität in ihrer Gänze abbilden.

Und wir, die Medienkonsumenten, sollten uns zumindest darum bemühen, tendenziöse Darstellungen als solche zu erkennen. Leider sind dazu viele nicht in der Lage, Muslime und Nichtmuslime. Das Stichwort lautet daher Medienpädagogik. Gerade im Zeitalter des Internets wird es immer wichtiger, frühzeitig – am besten schon in der Grundschule – damit anzufangen, die wesentlichen Prinzipien und Mechanismen unserer Medienwelt zu vermitteln. Dem Leser, Hörer oder Zuschauer muss klar werden, dass immer nur eine verkürzte und auf eine bestimmte Intention zugeschnittene Sicht der Realität abgebildet wird. Während Nichtmuslime zur Kenntnis nehmen sollten, dass das öffentlich vermittelte Bild einseitig ist, sollten sich Muslime nicht zu sehr als Opfer dieser Darstellungen sehen. Öffentliche Forderungen, Verbote über extremistische islamistische Gruppen zu verhängen, beziehen manche Muslime gerne fälschlicherweise auf »den« Islam, dabei geht es mitunter nur ganz konkret um verurteilenswerte Vorgänge, die von ihren Urhebern nun mal in einen islamischen Kontext gesetzt werden. Nehmen wir die Schlagworte Islam und Islamismus – das eine ist eine Religion, die von den meisten Menschen friedlich und unauffällig gelebt wird, das andere eine an diese Religion geknüpfte politische Ideologie, die eine Gesellschaft auch unter Einsatz von Gewalt verändern will. Dieser Unterschied ist vielen Bürgerinnen und Bürgern, egal welchen Glaubens, oft nicht klar. Und so heizen sich alle in beiderseitigem Unverständnis auf.

Abzugrenzen davon sind die ganz bewusst und gezielt agierenden antimuslimischen Stimmungsmacher.

Auch die Gefährlichkeit ihres Handels sollte man im öffentlichen Diskurs klar und unmissverständlich benennen. Sie benutzen die gleichen Zitate und die gleichen Methoden wie Salafisten. Beide beziehen sich sogar auf ein und dasselbe Islamverständnis – nur dass die einen es als positiv, die anderen als negativ darstellen. Beide tun so, als gäbe es nur ein einziges richtiges Islamverständnis – und als wären sie die Einzigen, die es kennen würden.

Nehmen wir den Titel des Magazins *Focus* vom 3. November 2014. Er lautete: »Die dunkle Seite des Islam. Acht unbequeme Wahrheiten über die muslimische Religion«. In dem Text ging es aber nicht um die »dunkle Seite« des Islam, die es ja zweifellos gibt. Der Autor Michael Klonovsky hat seiner Abneigung gegenüber der Religion des Islam als Ganzes hier freien Lauf lassen dürfen. Mit Klischees und selektiven Argumentationen zeichnet er ein dunkles Bild vom ganzen Islam. So weit, so schlecht. Diese *Focus*-Ausgabe jedenfalls können die Salafisten künftig bequem als Beweis vorlegen, wenn sie ihren Anhängern »beweisen« wollen, die deutsche Gesellschaft hasse den Islam. Immerhin ist der *Focus* eines der großen Medienorgane in Deutschland.

Es gibt aber auch eine gute Nachricht: Die öffentliche Diskussion um die Verbrechen des IS läuft bisher relativ sachlich und differenziert ab. Die Aussage mag den einen oder anderen überraschen. Aber bei diesem Thema wird in der Regel deutlich gemacht, dass man es beim IS in erster Linie mit Terroristen zu tun hat. Die meisten Medien unterscheiden hier klar zwischen Islamisten und Muslimen. Zudem lässt sich eine verstärkte sprachliche Sensibilisierung beobachten, die sich zum Beispiel darin zeigt, dass viele explizit von der »Terrorgruppe Islamischer Staat« oder vom »sogenannten Islamischen Staat« sprechen und nicht nur vom »Islamischen Staat«. Zudem haben die vielen deutschen Auseinandersetzungen mit dem Islam in den vergangenen Jahren dafür gesorgt, dass in den Debatten zunehmend Stimmen zu hören sind, die für eine Differenzierung eintreten, die davor warnen, eine Weltreligion wie den Islam insgesamt zu diskreditieren oder Muslime pauschal zu diffamieren. Und wenn von »islamistischen Extremisten« die Rede ist, darf man das eben nicht pauschal als Angriff auf alle Muslime werten. Die IS-Terroristen bekennen sich schließlich zum Islam und berufen sich auf religiöse Quellen und Praktiken. Sie verfolgen eine wahrlich extremistische und verwerfliche, aber unbestreitbar islamistische Ideologie.

Im Vergleich zu früheren Jahren hat sich die Berichterstattung in meinen Augen durchaus verbessert. Von den meisten seriösen Medien werden hetzerische Fragen nur noch selten gestellt – wie auch von den meisten reflektierten Politikern. Etwa die Frage danach, ob die Verbrechen islamistischer Extremisten nicht doch im Innersten der Religion des Islam angelegt seien. Wenn Rechtsextreme, Rechtspopulisten und Islamhasser – alles ihrerseits Vertreter extremistischer Positionen – provozierend fragen und damit eine ganze Religion an den Pranger stellen wollen, ist das nicht weiter verwunderlich. Solche extremistischen Auffassungen lassen sich relativ leicht zuordnen und damit auch besser kleinhalten.

Trotz Verbesserungen im öffentlichen Diskurs über islamistische Aktivitäten ist jedoch weiterhin Wachsamkeit geboten. Es gibt nach wie vor auch jenseits extremistischer Sphären alarmierende Darstellungen des Islam in den Medien. Die Vermischung und Gleichsetzung von Islam und IS-Terror hat sich bereits quer durch alle Gesellschaftsschichten in vielen Köpfen zur Islamfeindlichkeit ausgewachsen. Das heißt: Es reicht nicht, nur davon zu sprechen, dass der Islam zwar etwas mit dem IS-Terror zu tun habe, aber nicht der Auslöser sei. Hier müssen die öffentlichen Debatten noch weiterkommen. In der Berichterstattung hält man sich bislang beispielsweise mit Erklärungsansätzen dafür, wie der IS so stark werden konnte, viel zu sehr zurück. Die meisten Erklärungsversuche bleiben eher oberflächlich. Die wenigsten analysieren die sozioökonomischen Ursachen für die Eskalation der Situation, obwohl meiner Meinung nach recht deutlich ist, warum Organisationen wie der IS überhaupt so weit kommen konnten. Die politische Instabilität der arabischen Staaten seit dem Arabischen Frühling hinterließ an vielen Stellen ein Machtvakuum – die beste Voraussetzung, um durch Gewaltexzesse an die Macht zu gelangen. Die fehlenden staatlichen Strukturen in Syrien bereiteten den Boden für die IS-Extremisten. Die jahrelange Untätigkeit der internationalen Gemeinschaft im Syrienkonflikt, das grandiose Scheitern des UN-Sicherheitsrats, die vielfachen Weigerungen, gemäßigte Rebellen zu unterstützen, all das hat den IS-Terroristen genutzt. Bereits 2012 gab es syrische Aktivisten, die öffentlich darauf aufmerksam gemacht haben, dass Nachfolger bin Ladens es ausnützen würden, wenn die internationale Gemeinschaft im Kampf gegen Assad nicht eingreife. Sie haben quasi den Aufstieg des IS vorhergesagt – und waren damit vielen westlichen politischen Analytikern und Nahostexperten voraus. Vor Ort war die Entwicklung nämlich leicht absehbar: Wenn die Staatengemeinschaft den Syrern keine Helfer zur Verteidigung gegen die Angriffe der syrischen Armee schickt, dann werden die Syrer irgendwann einfach jeden akzeptieren, der Unterstützung anbietet. Dass diese Helfer Islamisten sein würden, war wenig überraschend. Schließlich sind sie diejenigen, die eine staatenübergreifende Ideologie verfolgen und nicht darauf angewiesen sind, dass nationale oder ethnische Kriterien wie »Syrer« oder »Araber« als Basis für Solidarität herangezogen werden. Und da zusammen mit den »Hobby-Dschihadisten« auch scharenweise exzellent ausgebildete und kampferprobte Extremisten aus den anderen Krisenregionen der islamischen Welt nach Syrien kamen, war es nur eine Frage der Zeit, bis sie nach und nach Teile des syrischen Volksaufstands unterwandern und in manchen Regionen die Kontrolle übernehmen würden. Über all diese Hintergründe wird öffentlich zu wenig gesprochen.

Noch einmal etwas anders würde ich die Berichterstattung und die öffentlichen Diskussionen über hiesige salafistische Gruppierungen und Radikalisierungen beurteilen. Hier kann man leider nicht immer von einer sachlich-nüchternen oder allzu zurückhaltenden Darstellung sprechen. Man denke wieder an die Episode der selbst ernannten »Scharia-Polizei« in Wuppertal. Die Videos, die davon ins Internet gestellt wurden, zeigen eher schüchterne Protagonisten, die vorsichtig Passanten angesprochen oder ohne jede Aggressivität Spielhöllen für Missionsgespräche aufgesucht haben. In London zum Beispiel gab es ähnliche Aktionen früher schon, hier aber sind die Aktivisten höchst aggressiv auf Passanten losgestürmt, haben sie eingeschüchtert und ihnen Bierflaschen aus der Hand gerissen. Im Vergleich dazu waren die Wuppertaler Waisenknaben. Außerdem war die Aktion in Wuppertal nach wenigen Tagen auch schon wieder vorbei. Dennoch entspann sich eine hysterische öffentliche Debatte. Kaum ein Medienorgan, das nicht prominent über den Vorfall berichtet hätte. Dass sogar Politiker auf höchster Ebene überreagierten, hätte nicht passieren dürfen. Sie müssten wissen, dass sie mit ihren Äußerungen den Fall nur noch weiter aufblähen und damit auch seriöse Medien dazu drängen würden, über die Aktion zu berichten. Medienvertreter haben auch vor dem Hintergrund der Pressefreiheit eine besondere gesellschaftliche Verantwortung, sie dürfen nicht *nur* auf Auflagenhöhe und Profit schielen. Der ganze Wirbel hat unter Garantie diverse Jugendliche in Deutschland, vielleicht sogar zum ersten Mal, auf solche Salafistengruppen aufmerksam gemacht. Und wie viele mögen darunter sein, die die Aktion »cool« fanden? Die daraufhin ins Internet gegangen sind und angefangen haben, sich über diese Salafisten zu informieren und vielleicht sogar Kontakt aufzunehmen? Um es noch einmal klar zu sagen, nicht die Berichterstattung an sich ist hier so problematisch gewesen, sondern der Hype, der betrieben wurde. Dass sich die öffentliche Thematisierung der IS-Terrorgruppe im Irak und in Syrien von der der Salafisten in Deutschland sowohl qualitativ als auch quantitativ unterscheidet, liegt in der Nähe beziehungsweise Distanz zu den jeweiligen Geschehnissen begründet. Wenn politisch orientierte Salafisten auf deutschem Boden extremistische Propaganda verbreiten und ihre extremistischen Glaubenssätze leben, dann geht uns das zweifelsohne alle an, und zwar sehr direkt. Entsprechend emotionaler fällt die Berichterstattung aus. Der Krieg in Syrien indes schockiert uns zwar, beunruhigt uns vielleicht auch, aber die Gefahr, die von diesen Bildern ausgeht, scheint weit weg, nur wenig greifbar.

Selbst wenn man Verbesserungen in den öffentlichen Debatten über Themen im Zusammenhang mit dem Islam feststellen kann, bedeutet das leider nicht, dass das auch bei den Betroffenen – also den Muslimen – unbedingt ankommen muss. Nach wie vor lässt sich vor allem in der muslimischen Community beobachten, dass sich Einzelne sehr schnell angegriffen fühlen. Für mich steht fest, dass auch sie sich Kritik an zu Recht als problematisch empfundenen Entwicklungen gefallen lassen müssen. Es gibt keinen Anspruch darauf, von Kritik verschont zu bleiben, nur weil man sich in einer Mehrheitsgesellschaft als Opfer fühlt und tatsächlich auch oft Opfer ist. Ich erlebe hier häufig eine ausgeprägte »Dünnhäutigkeit« bei Muslimen, die aber fehl am Platz ist. Selbst wenn in Deutschland Verbrechen, die vorgeblich im Namen Gottes durchgeführt werden, angeprangert werden, wird das hin und wieder als Angriff auf die gesamte Religion gewertet.

Als ich das Cover dieses Buches mit einem Kurztext erstmals bei Facebook vorgestellt habe, führte das zu einem kleinen Sturm der Entrüstung. Erstaunlicherweise werteten einige Mitdiskutanten das Buch als Frontalangriff gegen den muslimischen Glauben. Mir wurde vorgehalten, ich machte dasselbe wie die sogenannte Islamkritikerin Necla Kelek, die gerne mal im Interview mit dem ZDF allen muslimischen Männern pauschal eine Neigung zur Sodomie unterstellt und sogleich hinterherschiebt, dass das Konsens in islamischen Gesellschaften sei. Es hieß, ich würde mit diesem Buch den Islam beschmutzen. Ich würde meine Schüler, meine Schutzbefohlenen vorführen, und man gab mir den Hinweis, dass im Text zum Buch erwähnte Schüler auch mit abgekürzten Namen identifizierbar seien. Das Bild des Kapuzenpulli tragenden jungen Mannes auf dem Cover sorge dafür, dass alle muslimischen Jugendlichen mit Kapuzenpullis gefährdet würden.

Auch der Gebrauch des Begriffs Dschihad im Untertitel wurde mir vorgehalten. Damit hätte ich deutlich gemacht, dass es nur um Muslime gehe. Hätte ich geschrieben: »Warum deutsche Jugendliche in den Terrorismus ziehen«, wäre es besser gewesen. Deutsche Jugendliche zieht es aber nun mal nicht nach Kolumbien, um sich dem Kampf der linken FARC-Rebellen dort anzuschließen, sie gehen auch nicht nach Uganda, um sich an dem brutalen Kampf der »christlichen« Schlächter um Joseph Kony, den Anführer der »Widerstandsarmee Gottes«, zu beteiligen. Nein, sie gehen in die Gebiete, wo sie glauben, dort an der Seite von Dschihadisten kämpfen zu können. Und das tun sie, »zum Töten bereit«. Und ja, sie tragen in Deutschland genau solche Kapuzenpullis wie vorn auf dem Cover oder wahlweise T-Shirts mit »alqaida« statt »adidas« drauf, wobei die drei Streifen das World Trade Center darstellen sollen, auf die ein kleines Flugzeug zufliegt, das das *Registered Trade Mark*-Symbol ® ersetzen soll. Dass ein Cover auch provozieren soll, ist im Kontext unseres Themas hier durchaus gerechtfertigt. Es gibt einen großen Unterschied zwischen dem Versuch, Dinge klar und differenziert beim Namen zu nennen, auch wenn dabei der Finger in manche Wunde gelegt wird, und undifferenzierter, unausgewogener Meinungsmache. Ich beschreibe in diesem Buch eine Situation, die ich ganz persönlich vorgefunden und ergründet habe – in diesem Land und im Umgang mit deutschen Jugendlichen.

Die kritischen Reaktionen bezogen sich einzig und allein auf das Titelbild und einen kurzen Informationstext. Zu diesem Zeitpunkt gab es noch nicht eine Zeile aus dem Buch zu lesen. Die Kommentare kamen übrigens nicht von aufgebrachten Jugendlichen, sondern von Menschen in angesehenen akademischen Berufen, von gestandenen Männern und Frauen. Und das gibt schon sehr zu denken, wenn gerade solche Musliminnen und Muslime nicht mehr in der Lage sind, die berechtigte Kritik an einem spezifischen Phänomen von den üblichen islamfeindlichen Verallgemeinerungen, Unterstellungen und Diffamierungen zu unterscheiden.

Der Vorwurf, ich betriebe hier Islamfeindlichkeit, hallte in mir besonders lange nach. Und ich empfand ihn wie Hohn, zumal wenn ich an all die Hetzmails und Drohungen dachte, die mir »deutsche« Mitbürger des rechten Spektrums täglich zukommen lassen. Diese Mails haben es in sich. Ein Beispiel: »Tag, 36jährige alte muslimische Dreckshure. AB MIT DIR ZUR ISIS. Raus mit dir aus Deutschland. Kein Cent Steuergeld an dich. DEUTSCHLAND SIND WIR. DU BIST ABSCHAUM! DRECKS KANACKE. DNVP. Deutschnationale Volkspartei.« Diese Mail ging bei mir ein, nachdem ich in der *Süddeutschen Zeitung* vor der Islamfeindlichkeit gewarnt hatte, die sich im Schatten der IS-Diskussionen Bahn bricht. Andere Mails enthalten vielleicht weniger Kraftausdrücke, sind aber auch nicht viel freundlicher.

Eigentlich geht es mir aber nicht primär darum, konstruierte Kritik vonseiten muslimischer Deutscher zu dekonstruieren. Denn hinter dieser Empörung über mein Buch vermute ich in erster Linie die echten Sorgen von Menschen, bei denen die zunehmenden islamfeindlichen Tendenzen in der Vergangenheit offenkundig tiefe Wunden hinterlassen haben. Ihre reflexartige Abwehrhaltung dürfte also sehr viel mit dem lange Zeit allzu einseitigen Verlauf der aktuellen Islamdebatte zu

tun haben. Wir diskutieren immer dieselben vorurteils-
behafteten Fragen zum Islam, und das auch immer auf
dieselbe Art und Weise. Deshalb nehme ich die Botschaften, die ich hinter der Kritik an diesem Buch vermute, auch sehr ernst. Allerdings können und dürfen
solche Sorgen nicht eine harte Auseinandersetzung mit
dem Salafismus verhindern. Das sind wir nicht zuletzt
auch den Familien schuldig, die ihre Kinder an die Salafisten und die IS-Terroristen verloren haben, den Müt-
tern und Vätern, die zurückbleiben und um ihre Söhne
und Töchter trauern. Mit dem Widerstand gegen Salafismus können wir alle dazu beitragen, die Gesellschaft
zu schützen und anderen Familien Leid zu ersparen.

Wenn die Menschen in Deutschland von den Gräueltaten der IS-Terroristen erfahren, den Massenexekutio-
nen, Enthauptungen oder auch Kreuzigungen, oder im
Internet sogar die Bilder davon sehen, hat das eine ver-
störende, schockierende, beängstigende Wirkung. Diese
Bilder lösen aber auch Wut aus. Wut über diese Bedrohung, die eines Tages vielleicht auch uns betrifft. Ob
die schockierenden Berichte die Islamfeindlichkeit in
der deutschen Bevölkerung tatsächlich weiter schüren, wird abzuwarten bleiben. Erste Studien nach dem
rasanten Aufstieg der IS-Terrorgruppe im Sommer 2014
zeigten, dass quantitativ kein Anstieg der Islamfeindlichkeit in Deutschland zu registrieren war. Die Islamfeindlichkeit verharrt demnach »nur« auf hohem Niveau. Einzelne Indizien lassen jedoch vermuten, dass
die Qualität der Islamfeindlichkeit sehr wohl zuge-
nommen hat. Dazu zählen die Bemühungen der Be-

wegungen »Hooligans gegen Salafisten« (HoGeSa) und »Patriotische Europäer gegen die Islamisierung des Abendlandes« (pegida). Im Nachbarland Österreich, vor allem in Wien, häuften sich die Angriffe auf Kopftuch tragende Musliminnen. Mehrere Frauen wurden in der Öffentlichkeit als »IS-Terroristin« oder anderweitig beschimpft und tätlich angegriffen. In Hamburg gab es schon Anfang 2014 einen Gerichtsprozess, bei dem eine 60-jährige Frau angeklagt und verurteilt wurde, weil sie eine 28-jährige Frau mit einem Kopftuch als Terroristin beschimpft hatte. Ich befürchte, das sind Vorfälle, die noch weiter zunehmen und sicher keine Einzelfälle bleiben werden.

Der *Spiegel* hatte seine Titelgeschichte zum Thema Dschihad Mitte November 2014 mit der, wie ich finde, sehr richtigen Überschrift »Der Dschihad-Kult« versehen – und: »Warum deutsche Jugendliche in den ›heiligen Krieg‹ ziehen«. Ja, es ist eben primär ein »Kult«, eine Jugendprotestbewegung, der diese radikalen deutschen jungen Menschen folgen. Es ist nicht in erster Linie ein Islamkult. Darauf immer wieder hinzuweisen ist wichtig im Kampf gegen die Islamfeindlichkeit. Salafisten missbrauchen den Islam für ihren »Dschihad-Kult« und für ihre religiösen Kundgebungen, mit denen sie vor allem provozieren wollen. Die Gewaltbereiten, die sich den IS-Terroristen anschließen, glauben daran – machen sich selbst glauben –, dass die Verbrechen, die sie an unschuldigen Menschen begehen, gottgewollt sind. Einen Großteil der Verantwortung für den sich in jüngster Zeit ausbreitenden Hass auf Muslime im Westen tragen sowohl die IS-Terroristen als auch die Salafisten. Sie sind mindestens in gleichem Maße dafür verantwortlich wie auf der anderen Seite die dezidierten Islamfeinde und all diejenigen, die den Islam als Feindbild auserkoren haben, um das deutschnationale Bild »ihrer« Gesellschaft ohne Kompromissbereitschaft zu bewahren.

Auch die zögerlichen Muslime in Deutschland sollten die Salafisten endlich für deren Anteil daran zur Rechenschaft ziehen, dass sie in der Gesellschaft schlecht behandelt werden. Die Solidarität mit den Salafisten, an der manche angesichts der Islamfeindlichkeit festhalten, ist falsch. Die Opferrolle wird von den Salafisten instrumentalisiert. So legen sie sehr viel Wert darauf, sich selbst nie als Salafisten zu bezeichnen, sondern schlicht als Muslime. Ein strategisches Mittel zur Verführung: Sie wollen damit unter anderem erreichen, dass auch gemäßigtere Muslime sich mit ihnen einfacher solidarisieren können. Am Ende sind aber auch diese gemäßigteren Muslime – unabhängig davon, wie konservativ oder orthodox sie sich selbst sehen – in den Augen der Salafisten nur Verirrte, die wieder auf die richtige Bahn gebracht werden müssen. Es handelt sich also höchstens um eine gegenseitige Solidarität auf Zeit. Denn für die Salafisten gibt es nur Schwarz und Weiß, keine Grautöne.

Für Muslime in Deutschland ist gemeinhin klar, dass ein Unterschied zwischen dem Großteil der Salafisten und den IS-Terroristen besteht: Nicht jeder Salafist ist ein Gewaltverbrecher. Und auch wenn einige der Muslime Schwierigkeiten mit einer generellen, eindeutigen Ablehnung der Salafisten haben, lösen andererseits die Verbrechen des IS bei deutschen Muslimen eine ganz ähnliche Angst aus wie bei deutschen Nichtmuslimen, wahrscheinlich sogar eine noch größere. Nicht nur, weil in manchen Fällen eine konkrete Gefahr für ihre Kinder, ihre Familien besteht, sondern auch, weil es für sie eine Bedrohung darstellt, dass ein Teil der eigenen Identität, die islamische Religionszugehörigkeit, dafür missbraucht wird, die Ermordung unschuldiger Menschen zu rechtfertigen. Das ruft in sehr vielen Muslimen große innere Konflikte hervor: Wie soll man sich dazu verhalten? Distanziere ich mich von diesen Gewaltverbrechen, weil sie im Namen Gottes geschehen, oder ziehe ich mich zurück und sage mir, ich muss mich nicht von etwas distanzieren, womit ich nichts zu tun habe? Viele Muslime äußern sich aufgrund dieses inneren Konflikts gar nicht. Und es ist für Außenstehende sicherlich sehr schwer, dieses Schweigen richtig einzuordnen. Im Zweifelsfall wird Schweigen als stilles Einverständnis gewertet. Manche Mitbürger stellen sich somit auch die Frage, ob es unter Muslimen nicht nur eine gewisse Sympathie für die Salafisten gibt, sondern sogar eine gewisse Toleranz gegenüber den Gewaltverbrechen der IS-Terroristen. Möglicherweise sind diese Befürchtungen ein Grund dafür, dass mir bei meinen öffentlichen Veranstaltungen immer wieder gesagt wird: »Wenn sich die Muslime mal deutlich von diesen Taten distanzieren würden, das wäre gut.« Natürlich kann man nicht von allen Muslimen persönlich erwarten, sich zu distanzieren. Es wäre auch absurd, permanent die Distanzierung von Verbrechen zu erwarten, die irgendwo auf der Welt durch Anhänger der gleichen Religion begangen werden. Wer würde schon von einem Katholiken, der kein Amtsträger der Kirche ist, erwarten, dass er sich öffentlich von den weltweiten Kindesmissbrauchsfällen in seiner Kirche distanziert? Ohnehin würden alle Distanzierungen an der Haltung der Islamfeinde wenig ändern, da es ihnen nicht um Inhalte, um sachliche Auseinandersetzungen geht, und sie ein Feindbild brauchen. Aber trotzdem müssen all die Muslime, die sich lieber nicht distanzieren wollen, bedenken, dass ihre Haltung möglicherweise kontraproduktiv ist, weil sie damit grundsätzlich verbündete Menschen, die noch kein geschlossenes islamfeindliches Weltbild haben, über kurz oder lang an die Islamfeinde verlieren. Diesen Bürgern ihre Sorgen zu nehmen, indem Muslime in ihrem eigenen alltäglichen Umfeld immer wieder deutlich machen, dass sie diese Gewalttaten ebenso ablehnen, könnte durchaus lohnend sein. Man kann nicht nur erwarten, dass die Mehrheitsgesellschaft sich bewegt und ihre Vorurteile reflektiert. Angesichts der aktuellen Ereignisse im Nahen Osten, aber auch angesichts unserer hiesigen Herausforderungen durch Salafisten müssen sich auch Muslime der Kritik stellen, dass Verbrechen im Namen des Islam begangen werden. Wenn die Kritik sachlich ist, hat sie Anspruch auf eine sachliche Reaktion. Muslime und Nichtmuslime müssen also gemeinsam am gesellschaftlichen Frieden arbeiten.

Die großen islamischen Dachorganisationen haben zumindest im Hinblick auf die Verbrechen des IS einen wichtigen Schritt getan. Wenn sie sich auch schwertun, gegen den Salafismus vorzugehen, so gibt es doch keinen islamischen Dachverband und kaum eine islamische Moscheegemeinde mehr, die sich nicht kritisch zu den Verbrechen des IS geäußert hat. Und wenn sich manche Leser fragen, warum sie das nicht mitbekommen haben, dann sollten sie diese Frage an die Medien und die politischen Vertreter richten. Denn Pressemitteilungen von islamischen Dachverbänden werden, wenn sie denn überhaupt abgedruckt oder erwähnt werden, allenfalls als Randnotiz verbreitet. Als die Zentrale des größten Islamverbands in Deutschland, der DİTİB, eine Pressemitteilung zum IS herausgab, fand diese sich am nächsten Tag in kaum einer Handvoll Medien wieder – man stelle das mal in Relation zur Berichterstattung über die »Scharia-Polizei«. Zudem hatten die Verbände unter dem Motto »Muslime stehen auf gegen Hass und Unrecht« im September 2014 zu einem bundesweiten Aktionstag aufgerufen mit Kundgebungen und Veranstaltungen in all ihren Moscheen. Das war ein gutes Signal, das auch medial stärker beachtet wurde. Allerdings kam der Aktionstag etwas spät, und wer sich in Deutschland darauf beschränkt, sich vom IS-Terror loszusagen, hat letztlich noch nicht viel Haltung gezeigt. Wer will in einer zivilisierten Gesellschaft schon mit Männern auf eine Stufe gestellt werden, die Geiseln den Kopf vor laufender Kamera abschneiden?

7
Was kann die muslimische Community tun?

Innerhalb der Gruppe der Muslime spüre ich eine große Erschöpfung. Sie sind geplagt von der Außenwahrnehmung und getrieben von der Suche nach Halt und göttlichem Beistand. Einige Muslime entwickeln in dieser Situation die Tendenz, die Salafisten zu verteidigen. Dabei haben sie nicht die Gräueltaten des IS vor Augen, sondern die gemeinsam erlittene Anfeindung. Sie argumentieren so: Der Salafist ist immer noch Muslim und fühlt sich ähnlich verunglimpft, ja bedroht wie alle anderen Muslime. Sie erkennen nicht, dass die Salafisten dieses religionsbedingte Zusammengehörigkeitsgefühl für sich und ihre politischen Ziele nutzen.

Durch die Medienberichterstattung haben viele Muslime überhaupt erstmals von dieser Strömung innerhalb des Islam erfahren. Aber mit dem Anwachsen der Szene kommt es inzwischen immer häufiger vor, dass Muslime aus ihrem näheren oder weiteren Umfeld einen Fall der Radikalisierung eines Jugendlichen kennen. Nachrichten wie »Der Sohn meiner Freundin hat sich den Salafisten angeschlossen« machen die Runde. So wird der Salafismus auch von der muslimischen Community als innere Bedrohung wahrgenommen. Das zeigen nicht zuletzt die öffentlichen Distanzierungen. Nun muss auch Salafismus von den großen Islamverbänden viel öfter und viel klarer kritisiert werden. Es geht auch darum, die salafistischen Prediger zu stoppen, die seit Jahren durch Deutschland ziehen, selbst wenn sie nicht gleich zu Gewalt aufrufen. Auch die vermeintlich friedlichen Salafisten, die öffentlich auftreten, sind eine ernste Gefahr. Es muss auch von offizieller islamischer Seite dafür gesorgt werden, dass Jugendliche vor einer Radikalisierung geschützt werden und ihnen vermittelt wird, dass der Salafismus falsch, gefährlich und menschenverachtend ist. Kurzum: Es muss auch als Aufgabe der Muslime selbst gesehen werden, ihren Beitrag zu leisten, damit sie die eigenen Kinder nicht verlieren.

Viele Deutsche, die nach Syrien zum Kämpfen gegangen sind, waren vorher auf öffentlichen Veranstaltungen von Salafistenpredigern, haben an deren Seminaren teilgenommen oder deren Interviews im Netz gesehen. Doch gegen solche Prediger wird bis jetzt vonseiten der Islamverbände wenig unternommen. In den Anfangsjahren durften sie – so zum Beispiel in Dinslaken 2006 – sogar offiziell in Moscheen der großen Islamverbände auftreten. Das dürfte heute nur noch versehentlich passieren. Aber mit dem Hausverbot für

Salafisten in den eigenen vier Wänden ist es für viele Moscheen dann leider getan.

Obwohl der islamische Glaube nicht der Hauptauslöser für die Zuwendung zum Salafismus ist, weil die wenigsten sich auf der Suche nach theologischen Antworten der Bewegung anschließen, sondern meist aus persönlichen, politischen oder sozialen Gründen, so ist der Islam dennoch ein zentraler Bestandteil des Salafismus und kann als solcher bei der Ursachensuche keinesfalls ausgeklammert werden. Auch wenn es für viele Muslime schmerzhaft sein mag, anzuerkennen, dass ihr geliebter Glaube auch für sehr schlimme Dinge missbraucht werden kann. Aufgrund der Tatsache, dass der Salafismus sich unter der Flagge des Islam formiert, bin ich der Meinung, dass auch die Moscheegemeinden und die großen Islamverbände in der Pflicht stehen, dem Islamismus aktiv etwas entgegenzusetzen. Ich sehe hier weder die ausschließliche noch die primäre Pflicht zum Handeln angesiedelt, denn salafistische Radikalisierung ist ein gesamtgesellschaftliches Problem. Muslimische Verbände und Gemeinden sollen und müssen allerdings ihren Beitrag leisten. Und hier muss man leider festhalten, dass in der Vergangenheit viel zu wenig getan wurde, um sich mit fundamentalistischen und islamistischen Strömungen zu befassen. Man muss den muslimischen Verbänden und Gemeinden sicherlich zugutehalten, dass sie so gut wie in allen Bereichen mit einem Riesenhandlungsbedarf konfrontiert sind. Wir dürfen auch nicht den Fehler begehen, die Islamverbände auf dieselbe Stufe wie die mit ganz anderen

Mitteln ausgestatteten Institutionen der katholischen oder evangelischen Kirche zu stellen und ähnliche Anstrengungen zu erwarten. Sowohl finanziell als auch personell und strukturell sind die Islamverbände noch meilenweit von der professionellen Aufstellung etwa der Caritas oder der Diakonie Deutschland, der EKD oder der Katholischen Bischofskonferenz entfernt. Die hohen Erwartungen, die die Gesellschaft an islamische Verbände stellt, können diese gar nicht erfüllen. Immerhin gab es zuletzt in islamischen Einrichtungen einige Tagungen und Vorträge zum Thema. So lud beispielsweise die »Schura – Rat der Islamischen Gemeinschaften in Hamburg« Anfang Dezember 2014 zu einer Salafismus-Tagung ein. Obwohl mir das klar ist, bleibe ich bei meiner Kritik, dass die Islamverbände das Thema Salafismus verkannt und unterschätzt haben. Und besonders jetzt, nachdem der Salafismus quasi vor unserer Haustür steht, vermisse ich eine eindeutige Distanzierung. Zwar verbrüdert man sich nicht mit den Salafisten, aber man geht auch nicht auf deutlichen Abstand zu ihnen. Und das fällt natürlich nicht nur Muslimen auf. Deshalb werden die muslimischen Verbände auf Dauer weiter an Glaubwürdigkeit verlieren, wenn sie nicht Stellung beziehen. Das wäre das Mindeste, sofern ihnen an einem friedlichen Zusammenleben zwischen Muslimen und Nichtmuslimen in diesem Land wirklich etwas liegt.

Ein weiterer möglicher Grund für die mangelnde Distanzierung der muslimischen Vereine und Dachorganisationen in Deutschland liegt in der nicht ganz zu durchschauenden Verbündelung mit anderen Ländern, die eine muslimische Mehrheitsbevölkerung und auch einen ganz anderen Zugang zum Islam als hier in Deutschland haben. Darüber hinaus könnte eine Ursache bei den Mitgliedern zu finden sein. Da die großen Islamverbände in Deutschland weitgehend konservativ geprägt sind, vertreten Teile der Basis zumindest ähnliche fundamentalistische Positionen wie die Salafisten, sodass die Funktionäre Angst vor Anfeindungen aus den eigenen Reihen haben, wenn sie den Salafismus als extremistische Auslegung oder Lebensweise des Islam bewerten oder verurteilen sollen.

Für die Mitglieder spielt sicher auch der Gedanke einer Opfergemeinschaft mit den Salafisten eine wichtige Rolle. Und lieber, so der Gedanke, hält man zusammen, als sich der Mehrheitsgesellschaft und ihrer Meinung anzuschließen und sich dadurch spalten zu lassen, wenn berechtigte Islamkritik oder vielmehr Islamismuskritik geübt wird. Bislang jedenfalls haben die großen Islamverbände überwiegend das Thema Islamfeindlichkeit in Deutschland ganz oben auf ihre Agenda gesetzt. Man gefällt sich scheinbar besser in der Opferrolle, als sich die Kritik gefallen zu lassen, dass Teile innerhalb des islamischen Spektrums Täter sind. Das gilt auch, wenn die meisten dieser Täter den Islam als Religion nur missbrauchen, um dahinter andere, weniger lautere Absichten und Motive zu verstecken – immerhin haben sie sich doch den Islam ausgesucht und nicht etwa eine andere Weltanschauung.

Allem voran können Moscheegemeinden dafür sorgen, dass in ihnen ein friedliches Islamverständnis vermittelt wird. Es muss hier auch darum gehen, jungen Muslimen gegenüber Gewaltakte im Namen des Islam eindeutig und ohne Wenn und Aber zu verurteilen. Die Suche nach politischen Erklärungen und Rechtfertigungen für Gewalt in islamischen Ländern sollte in Moscheen keine Rolle spielen. Ein Imam muss in seinen Predigten und Ansprachen nicht das Unrecht von Guantánamo berücksichtigen. Zudem muss es den Moscheen gelingen, die jungen Muslime in einer Sprache zu erreichen, die sie auch tatsächlich verstehen können. Die zweite, dritte und vierte Generation, die in Deutschland geboren ist, mag zwar zu Hause mit den Eltern türkisch reden, aber die paar Hundert Worte, die sie dazu brauchen, befähigen sie lange nicht, das muttersprachliche Türkisch eines theologisch gebildeten Imam aus der Türkei zu verstehen. Bis heute legen die Moscheen noch viel zu viel Wert darauf, die erste Einwanderergeneration in den Moscheen zu bedienen.

Darüber hinaus könnten Moscheegemeinden gezielt präventive Maßnahmen oder Programme erstellen. Es gibt sowohl staatliche als auch private Einrichtungen, die als Kooperationspartner finanzielle, fachliche und auch personelle Unterstützung bieten können. Um sich aber mit aktuellen Entwicklungen zu befassen, müssten sich die Moscheegemeinden gegenüber außenstehenden Experten und auch gegenüber anders denkenden Muslimen öffnen. Wir müssen die innerislamischen Debatten viel stärker führen. Das bedeutet aber, dass zunächst einmal akzeptiert wird, dass die Muslime nicht alle gleich sind – und auch nicht sein müssen – und nicht alle der gleichen Auslegung und Prägung folgen. Wenn wir diese Vielfalt als gegeben hinnehmen, wird es umso einfacher, Randpositionen oder Extrempositionen auszumachen und zu erkennen, wo die Grenze zum Inakzeptablen, nicht mehr Tolerierbaren verläuft. Solange aber in den Moscheen der Islam als ein monolithischer Block dargestellt wird, läuft man Gefahr, dass die Salafisten als »vernachlässigbare Größe« mitgetragen werden. Hier sind mehr Transparenz und neben der Öffnung nach außen auch eine Öffnung nach innen, ein Bekenntnis zur Vielfalt, erforderlich. Das fehlt mir an den entscheidenden Stellen, wenn es darum geht, diese Extremposition innerhalb des Islam zu verorten.

Auch außerhalb der Moscheegemeinden kann und sollte in der muslimischen Community die Prävention vorangetrieben werden. Ein Anfang ist gemacht. Der Liberal-Islamische Bund (LIB e.V.) ist ein Zusammenschluss als Alternative zu den etablierten Islamverbänden, der muslimische Bürgerinnen und Bürger vertritt. Als LIB-Vorsitzende habe ich in Zusammenarbeit mit Sozialarbeitern, Soziologen und Künstlern Präventionsprogramme entwickelt – zunächst unter dem Titel »Muslim 3.0«. Später dann haben wir gemeinsam mit dem Ibis Institut Duisburg das Projekt »extrem out – Gemeinsam gegen Salafismus« ins Leben gerufen und Ende 2014 erstmals in Dinslaken durchgeführt. Hierbei sollen Jugendliche beiderlei Geschlechts zusammenkommen, um in einem ersten Schritt an Gesprächsrunden teilzunehmen, in denen islamische Positionen diskutiert werden. Das Besondere daran ist unter anderem, dass sich auch die männlichen Jugendlichen hier mit zwei Frauen über Theologie unterhalten, denn diese Gesprächsrunden werden von mir und meiner bereits seit Jahrzehnten in der islamischen Religionspädagogik tätigen LIB-Kollegin Rabeya Müller geführt. In einem zweiten Schritt nehmen die Jugendlichen an Workshops teil, in denen die Kreativität in Form von Theater, Gesang und Tanz gefördert wird. Auch hier wirken erfahrene Kollegen mit – die zum Teil selbst aus dem migrantischen Milieu kommen, wie Gandhi Chahine von der seit 1994 bestehenden deutschen Rap-Formation Sons of Gastarbeita aus dem Ruhrgebiet. Mit seiner und der Hilfe anderer Künstler ist bereits etwas durchaus Vorzeigbares entstanden, worauf die Jugendlichen stolz sein können und das in der Regel bei der abschließenden öffentlichen Aufführung von einem begeisterten Publikum gewürdigt wird. Das Projekt ließe sich in jeder Kommune durchführen. Inzwischen kommen sogar Anfragen aus dem Ausland – zuletzt aus Südtirol, was mich selbst überrascht hat. Solche Angebote sind zumindest Bausteine einer konstruktiven Islamismusprävention und könnten vielerorts eingesetzt werden.

Das Vorgängerprojekt »Muslim 3.0« hat bereits mehrfach in großen bundesdeutschen Städten stattgefunden. Hier liegen auch schon erste Evaluierungen vor. Tatsächlich konnten wir bei vielen Teilnehmern nach Abschluss des Programms eine Veränderung in der Bewertung wesentlicher Dinge wahrnehmen, besonders bei sehr heiklen, oder auch vermeintlich heiklen Themen wie zum Beispiel Frauen oder Andersgläubige. Gekommen waren junge Menschen, die oft ein zweifelhaftes Frauenbild vertraten. Das äußerte sich beispielsweise in der Meinung, dass Frauen eine Stufe unter dem Mann stünden oder nicht die gleichen Rechte hätten. Diese Ansichten konnten nach unterschiedlichen Gesprächen relativiert oder sogar revidiert werden. Später vertraten viele der jungen Männer etwa die Meinung, dass Frauen den gleichen Zugang zu Bildung haben müssten. Bei der Thematisierung und theologischen Reflexion der islamischen Haltung gegenüber Andersgläubigen ist uns ebenfalls aufgefallen, dass es hier nach Ende des Programms veränderte Sichtweisen gab. Fast alle Teilnehmer gaben an, nicht mehr eindeutig davon überzeugt zu sein, dass jeder Andersgläubige ein »Ungläubiger« sei. Außerdem erklärten die meisten, dass es uns Muslimen nicht zustehe, über die Gläubigkeit anderer Menschen zu urteilen, sondern dass dies allein Gott obliege. Muslime könnten nur daran glauben, dass der Islam für sie selbst die richtige Religion sei.

Religionsvermittlung in den Moscheegemeinden

Eine Studie des Erziehungswissenschaftlers Hasan Alacacioglu zum Islam in Deutschland wies vor fast zwei

Jahrzehnten auf eine verbreitete Unkenntnis über Glaubensinhalte des Islam hin. In diesem Zusammenhang stellte sich heraus, dass ein Großteil der befragten deutschen Muslime den Unterricht in den Koranschulen für unzureichend hält, unter anderem, weil »die Kinder über die Inhalte des Islam nicht aufgeklärt werden«.

In der Moschee erhielt ein Schüler bisher in der Regel ausschließlich Koranunterricht. Hier geht es zunächst primär um das Erlernen der arabischen Sprache, wobei der Schwerpunkt nicht auf Grammatik oder Textverständnis liegt, sondern vielmehr auf dem Erlernen arabischer Buchstaben. Schüler einer Koranschule sind in der Lage, arabische Worte zu entziffern und korrekt auszusprechen. Aber sie werden nicht automatisch in die Lage versetzt, zu verstehen, was sie lesen.

Falls Imame darüber hinaus überhaupt theologische Inhalte vermitteln, gelingt es ihnen oft nicht, sie adäquat für junge Leute aufzubereiten. Wenn es nicht an der Sprache scheitert, dann meist am pädagogischen Stil. Der ist häufig klassisch orientalisch und beschränkt sich auf Frontalunterricht und Auswendiglernen. Der Imam steht meist nicht wirklich, aber gefühlt mit einem Rohrstock vorn und versucht, seine Schüler mit Wissen zu füttern. Deutsche Jugendliche fühlen sich so natürlich nicht angesprochen. Es fehlt die Verknüpfung von Religion und Lebenswirklichkeit.

Wenn Eltern ihren Kindern außerhalb des schulischen Bereichs die Religion nahebringen wollen und sich selbst nicht imstande dazu sehen, bleibt ihnen derzeit nicht viel anderes übrig, als sie den Angeboten der bestehenden traditionellen und konservativen Moscheevereine oder Jugendorganisationen zu überantworten, wie der Muslimischen Jugend in Deutschland (MJD), der Tablighi Jamaat (TJ), der IGMG-Jugendabteilung, der Jugendangebote des VIKZ oder kleinere örtliche Zusammenschlüsse.

Gegenwärtig gehen Moscheen zunehmend mit gezielten und an modernen pädagogischen Konzepten orientierten Angeboten auf Jugendliche zu, und es wäre zu wünschen, dass ihr Beispiel Schule macht. Ein breitgefächertes, an den Bedürfnissen heutiger muslimischer Jugendlicher ausgerichtetes Angebot aus dem gesamten islamischen Spektrum, bei dem auch die kritische Auseinandersetzung mit problematischen fundamentalistischen Entwicklungen wie dem Salafismus nicht ausgespart wird, ist längst an der Zeit.

Muslime in Deutschland – Selbstbewusstsein und Kritikfähigkeit

Da ich so sehr vermisse, dass die muslimische Community mit klaren und deutlichen Worten zum Salafismus in Deutschland Stellung nimmt, und zugleich beobachte, dass viele Muslime bei berechtigter Kritik an islamistischen Phänomenen in eine Abwehrhaltung verfallen, bin ich der Frage nach dem Selbstbewusstsein und der Kritikfähigkeit deutscher Muslime nachgegangen.

Wer sich mit Muslimen in Deutschland befasst, muss stets die Herausforderungen ihrer Migrationssituation mitberücksichtigen. Ihr Selbstbewusstsein wird durch äußere und innere Faktoren gehemmt. Der maßgebliche äußere Faktor ist die in Deutschland zunehmend zu beobachtende Islam- beziehungsweise Fremdenfeindlichkeit. Sie zerstört das Vertrauen in die Mehrheitsgesellschaft und begünstigt die Abwendung von ihr. Hinzu kommen innere Faktoren: Neben einer nach wie vor verbreiteten Erziehung zur Autoritätshörigkeit sind das die Sorge davor, durch selbstbestimmtes Verhalten die Eltern zu enttäuschen, sowie das Bemühen, die Familie vor einer stellvertretenden Bestrafung durch die muslimische Community zu bewahren. Dabei spielt der falsche Eindruck eine Rolle, traditionelle, konservative Überzeugungen machten die innermuslimische Mehrheitsposition aus; hinzukommen islamische Prinzipien wie das gegenseitige Kontrollieren eines »korrekten« religiösen Verhaltens. Hemmend wirkt sich das Gefühl einer grundsätzlichen geistigen und materiellen Unterlegenheit gegenüber der deutschen Mehrheit aus, verunsichernd schließlich das mangelnde Wissen über die eigene Religion. In der Folge neigen manche Muslime dazu, in der Öffentlichkeit im Zweifelsfall lieber zu schweigen und auch differenzierende Kritik pauschal zurückzuweisen. Das alles trägt dazu bei, dass sowohl der innerislamische Dialog als auch der Dialog mit der Mehrheitsgesellschaft gestört und bisweilen verhindert wird. Diesen Befund möchte ich im Folgenden genauer ausführen.

Muslime leben in Deutschland in einer Art Diasporasituation. Der weitaus größte Teil von ihnen ist eingewandert oder stammt heute in der zweiten, dritten oder vierten Generation von Einwanderern ab. In der Fremde erfahren die Kultur und die Religion der Eltern häufig eine stärkere Bedeutung und Aufmerksamkeit, als sie sie in deren Heimat gehabt hätten. Das kulturelle Erbe wird zum Kernbestandteil des Seins, der Identität. Dem Psychoanalytiker Erik H. Erikson zufolge setzt sich Identität aus drei Bereichen zusammen: 1. dem Gefühl individueller Einmaligkeit, 2. dem unbewussten Streben nach Kontinuität des Erlebens und 3. der Solidarität mit den Idealen einer Gruppe. Insbesondere der dritte Bereich hat für Menschen, die als Minderheit leben, stärkere Relevanz als für Menschen, die sich einer Mehrheit zugehörig fühlen. Es ist also schon aus sozialpsychologischen Gründen naheliegend, dass sich ein Großteil der Muslime in Deutschland eher mit der Gruppe der Einwanderer im Allgemeinen und mit der der Türken, Araber, Bosnier etc. beziehungsweise der muslimischen Glaubensgeschwister im Besonderen identifiziert.

Dieses Zusammengehörigkeitsgefühl wird als existenziell bewertet. Das lässt sich bereits daran erkennen, dass die Lebensmittelpunkte häufig im Einwanderermilieu bleiben. Die meisten finden ihre Partnerschaften, Freundschaften, Freizeitbeschäftigungen eher in diesem Umfeld und weniger im Umfeld der Mehrheitsgesellschaft: So sagen etwa nur 44 Prozent der Türkeistämmigen in Nordrhein-Westfalen, dass sie enge,

183

freundschaftliche Beziehungen zu Deutschen unterhielten, 20 Prozent geben an, in eigenethnischen Nachbarschaften zu leben. Nachkommen von Einwanderern müssen sich untereinander nicht erklären, wenn ihr Verhalten von dem der Mehrheitsgesellschaft abweicht. Während Punks, Goths, Hippies etc. ihre Andersartigkeit vor der Mehrheitsgesellschaft bewusst zur Schau tragen, dabei aber ihr Erscheinungsbild jederzeit wieder verändern könnten, bleibt jemandem, dessen Phänotyp sich von der Mehrheitsgesellschaft abhebt, eine solche Wahlmöglichkeit vorenthalten. Häufig entscheiden sich Menschen mit Migrationshintergrund daher (vielfach auch unbewusst) für ein persönliches Umfeld, in dem zumindest solche Unterschiede keine Rolle spielen.

Die Hinwendung zu einer Minderheitengruppe wird durch negative Erfahrungen mit dem mehrheitsgesellschaftlichen Umfeld verstärkt. Ein Großteil auch der jüngeren Generationen ist zu wenig in der hiesigen Gesellschaft verwurzelt, wie Sozialstudien zur Bildungs-, Arbeits- oder Wohnungssituation immer wieder aufzeigen. Dadurch fehlen ihnen Perspektiven, und ihr Selbstwertgefühl wird eingeschränkt. Hinzu kommen unmittelbare Diskriminierungs- und Ausgrenzungserfahrungen. Einen Raum mit Entfaltungsmöglichkeiten suchen und finden sie immer mehr in der Zuordnung zum Islam beziehungsweise zu islamischen Gruppierungen – und zwar vor allem mangels Alternativen. Falsch wäre die Vorstellung, dass es sich bei »muslimischen Identitäten« stets um gefestigte oder geschlossene Selbstkonzepte handelt. Ein Hinweis darauf, dass die Hinwendung zum Islam und die Selbstidentifikation mit dieser Religionszugehörigkeit nicht unbedingt aus echter Überzeugung, sondern aus der »Not« heraus erfolgen, ist die geringe Fundierung islamischen Wissens. Vorwiegend Jugendliche haben wenig Kenntnis über ihren Glauben, den Islam, obwohl sie voller Überzeugung ihre Identität mit ihm verknüpfen. Falsch wäre ferner die Vorstellung, es handele sich bei Muslimen in Deutschland um eine homogene Gruppe. Religion ist für einen Großteil der Menschen, die das Etikett »Muslim« tragen, nach wie vor nicht von zentraler Bedeutung. Auch Namensmuslime oder schlicht Söhne und Töchter von Männern und Frauen muslimischen Glaubens werden in die Rolle gedrängt, sich (zuvorderst) als Muslim zu verstehen, ungeachtet ihrer Selbsteinschätzung. Die Islamwissenschaftlerin Katajun Amirpur spricht von Muslimisierung: »In den letzten Jahren merke ich auch an mir selber, wie man durch die Erfahrung, als Angehöriger eines Kollektivs abgelehnt zu werden, sich überhaupt erst diesem Kollektiv zugehörig fühlt. Was eine Erfahrung aller Minderheiten ist, wiederholt sich zurzeit unter den Muslimen in Europa und ist im Ergebnis die Muslimisierung der Muslime.«

Situationen, die besonders durch pauschalisierende Diskurse wie im Fall Sarrazin entstanden sind, betreffen nicht nur Menschen, die tatsächlich Defizite und Probleme haben, sondern alle »Muslime«. Besonders folgenreich aber sind sie natürlich für die Menschen,

185

die sich ihre Religion als letzten verbliebenen Identitätsanker ausgesucht haben. Stimmungslagen wie im Herbst 2010 nehmen ihnen den Halt und wirken dadurch entsprechend desintegrativ. Auf dem Höhepunkt der Debatten sprach ich mit Bekannten und Freunden. Ich spürte bei einigen, die das Thema in den Medien bewusst verfolgt hatten, eine Entfremdung von diesem Land. Ich nahm bei Menschen, von denen ich es nie erwartet hätte, Besorgnis und sogar Ängste vor der Zukunft in Deutschland wahr. Andere forderten einander bereits auf, über Auswanderung nachzudenken. M. Walid Nakschbandi schrieb im *Spiegel:* »Nichts hat mich in den letzten drei Jahrzehnten so sehr berührt wie der aktuelle schrille Umgang mit meiner Religion, dem Islam.«

Der Eindruck, in einem Land nicht willkommen zu sein, fördert den Wunsch nach identitätsstiftender Abgrenzung und gleichzeitiger Stärkung des Gruppengefühls. Das zeigt sich sehr gut beim Sport: Obwohl die Kategorie »Nationalität« für manche im normalen Leben kaum eine Rolle spielt, kann sie im Stadion plötzlich handlungsleitend sein. Rationale Erwägungen können dabei durchaus dem Gemeinschaftsgefühl untergeordnet werden. Auf der Ebene der Migranten und ihrer Nachkommen lässt sich das seit Längerem beobachten.

Wenn diese Bestrebungen nun durch irgendwelche Kritik von innen gestört werden, werden die Kritiker schnell zum Feind stilisiert. Kritik an Mitgliedern einer von außen vielfach bedrängten Minderheit ist immer schwierig. Da wird jede Aussage generell mit höchster

Sensibilität aufgenommen. Stärkung des Zusammenhalts lautet das zentrale Anliegen. Mitglieder der deutschen muslimischen Minderheit sehen häufig in der Mehrheit den Adressaten, der Kritik verdient hätte, zum einen, weil diese die übermächtige Gemeinschaft ist, zum anderen, weil sie die »Gastarbeiter« einst ins Land geholt hat, ohne sich ausreichend um sie zu kümmern. Unter Mitgliedern der Mehrheit herrscht umgekehrt aber eben auch ein ähnliches Anspruchsdenken gegenüber der Minderheit, das mir, wie gesagt, bei öffentlichen Veranstaltungen und in Mails auch immer wieder mal mitgeteilt wird. Diese Haltung gründet sich vor allem darauf, dass der Einwanderungsgesellschaft die Rolle eines Gastes zugeschrieben wird, der sich dankbar und zurückhaltend zu verhalten habe. Das Magazin *Focus* brachte dies plakativ zum Ausdruck, als es 2004 titelte: »Unheimliche Gäste. Die Gegenwelt der Muslime in Deutschland. Ist Multi-Kulti gescheitert?« Für die zweite und erst recht für die folgenden im Land geborenen und aufgewachsenen Generationen, die selbst nie eine Migrationsentscheidung getroffen haben, ist diese Haltung kaum nachvollziehbar.

Der Wunsch nach Zusammenhalt ist Teil eines Teufelskreises. Er zwingt die Muslime zum Stillstand, während sich die Welt weiterdreht. Die »Integrationsfalle« schnappt zu. Die fehlende innerislamische Diskussion in Deutschland und die unverhältnismäßige Thematisierung und Präsenz antimoderner, konservativer und fundamentalistischer Positionen setzen die gesamte Gruppe antiislamischer Schmähkritik aus. Diese scharfen Angriffe lassen wiederum einen weiteren Teil der Muslime lieber dazu tendieren, die Gruppe als Ganzes in Schutz zu nehmen und reaktionäre Wortführer in den eigenen Reihen zu ignorieren oder zu bagatellisieren. Aus diesem Teufelskreis kann man nur mit dem nötigen Selbstbewusstsein ausbrechen. Und das bedeutet, sowohl die Auseinandersetzung nach außen mit sogenannten Islamkritikern nicht zu scheuen, als auch nach innen die Diskussion mit Salafisten und sonstigen muslimischen Verfechtern rückschrittlicher Dogmen offensiv zu führen.

In der Theologie und der Kultur sowie im Erziehungsalltag eher traditioneller Familien aus dem Vorderen Orient wird – unabhängig von der jeweiligen Religion – eine Form von Respekt gegenüber Autoritäten vermittelt, die noch im höheren Alter in der Öffentlichkeit mögliche Gegenreden und selbst den Gedankenaustausch hemmt. Das zentrale Grundprinzip des Islam lautet, sich Gott zu unterwerfen. Das besagt das Wort »Islam«, und das schlägt sich bisweilen über die Religion hinaus im alltäglichen Leben nieder. Im Rahmen einer von mir durchgeführten Befragung unter fast 100 muslimischen deutschen Hauptschülern antworteten mehr als zwei Drittel auf die Frage, ob sie sich vor Gott fürchteten: »Ja, sehr.« Ein weiteres Fünftel sagte: »Ein bisschen.« Bemerkenswert ist ferner, dass der höchste Wert bei der Gruppe der Mädchen unter 15 Jahre zustande kam, hier gaben 80 Prozent »Ja, sehr« an. Bei einer Vergleichsstichprobe unter einer kleineren Gruppe christlicher Schüler sagte dies niemand.

Alle antworteten: »Gar nicht«, auch die Zwischenvariante »Ein bisschen« wurde nicht angekreuzt. Man kann also einen tief verwurzelten Respekt der befragten Jugendlichen vor Gott ausmachen, auch wenn das nicht automatisch bedeutet, dass sie deshalb ein streng religiöses Leben führen. Oftmals ist sogar das Gegenteil der Fall. In einer Mischung aus Naivität und Sorglosigkeit folgen sie der Überzeugung, die Verfehlungen der Jugend ließen sich durch Frömmigkeit im Alter kompensieren, sodass Gott sich am Jüngsten Tag dennoch gnädig erweisen werde.

Die ehrfürchtige Haltung zu Gott wird auf mehrfache Weise auf den Menschen übertragen. Nicht nur für Jugendliche trifft das vor allem auf den Imam oder Hodscha zu. Er nimmt eine Art Sprecherfunktion Gottes ein. Diese Rolle wird im Alltag Leuten zugewiesen, denen das Umfeld gemeinhin Wissen über die Religion zuerkennt. Selbst wenn es theologisch nicht haltbar ist, geht so ein Teil der Heiligkeit Gottes auf sie über.

Bis zu einem gewissen Grad trifft das auch auf die Eltern zu, die der Koran als Respektspersonen hervorhebt (Sure 17/23): »Dein Herr hat entschieden, dass ihr ihm allein dienen sollt. Zu den Eltern sollt ihr gut sein.« Folgsamkeit gegenüber Vater und Mutter ist vor allem in traditionellen Familien das Ideal der Erziehung. In der Türkei wurden in Regionen, denen ein Großteil der ersten Einwanderergeneration in Deutschland entstammt, Mitte der Neunzigerjahre Mütter befragt, auf welches Verhalten die Erziehung der Kinder ihrem Wunsch nach hinauslaufen solle: 80 Prozent antworteten, dass sie gehorchen und den Eltern gegenüber loyal sein sollten. Nur 3,6 Prozent sahen in den Eigenschaften Individualität und Selbstbewusstsein eine erzieherische Maxime. Spätestens in der Adoleszenz beginnen dann Autorität und Respekt das Verhältnis der Kinder zu den Eltern, insbesondere zum Vater, zu prägen.

Diese Respektserwartung bleibt auch nicht auf Religionsvertreter und Eltern beschränkt. Sie wird weiter ausgedehnt auf Inhaber säkularer Ämter und Funktionen. Das ist laut dem Erziehungswissenschaftler Ahmet Toprak ebenfalls in den gängigen Erziehungsvorstellungen traditioneller Milieus angelegt: »Zornausbrüche gegenüber ihm [dem Vater], aber auch gegenüber allen übrigen Respektspersonen – wie etwa Lehrern – werden in keiner Weise toleriert« – bisweilen durch den Einsatz von Gewalt. Toprak sieht die Ansichten in dem türkischen Sprichwort veranschaulicht: »Öğretmenin vurduğu yerde gül biter – Wo der Lehrer hinschlägt, da wachsen Rosen.« »In den seltensten Fällen diskutieren Eltern mit ihren Kindern, um sie argumentativ davon zu überzeugen, was richtig und falsch ist. [...] Durch diesen Erziehungsstil wird das Kind dazu gebracht, die Kontrolle seines Verhaltens ständig anderen zu überlassen, und sich selbst nach den Maßstäben und Einschätzungen anderer zu bewerten. Die Selbstständigkeit des Kindes kann sich dadurch nur unzureichend entwickeln.«

Verstärkend wirkt hier die kulturübergreifende Ehrerbietung vor dem Alter. Schon im Alten Testament heißt es: »Vor einem grauen Haupt sollst du aufstehen«

(3. Mose 19.32), und im Koran 17/23 wird (mit Blick auf die Eltern) betont: »Wenn einer oder beide unter Altersschwäche leiden, sage nie ›Pfui!‹ zu ihnen. Schimpfe nicht mit ihnen, sondern sprich sanft zu ihnen.« Diese Ermahnung ist aktueller denn je. Der 2013 verstorbene Imam und Islamgelehrte Mehdi Razvi sagte: »Es gibt keine Ehrfurcht vor dem Alter in der westlichen Gesellschaft wie im Islam. Im Orient ist das anders. Wir ehren die alten Menschen so sehr, dass wir ihnen nicht widersprechen [...]. Sie sind uns lieb und teuer und wir brauchen sie, um von ihnen zu lernen.«

Unter Muslimen kann man also eine direkte Linie von Gott über die Religionsvertreter, Eltern, Lehrer bis hin zu sonstigen Respektspersonen verfolgen, die allesamt für die Erwartung von Gehorsam und Unterordnung stehen. In der Subordination festigt sich eine innere Identifikation mit jeder Autorität. Sie lädt nicht gerade zum kritischen Denken ein – und sie fördert eine Blockadehaltung. Kritik, die möglicherweise (religiöse) Einstellungen wertgeschätzter Personen verurteilt, wird strikt abgewehrt, als wäre sie gegen einen selbst gerichtet. Das geht vielfach einher mit emotionalen Bindungen und der Sorge, die Älteren durch falsches Verhalten zu enttäuschen. Das Leben in Deutschland, das oft mit Zurückweisungen durch Einheimische verbunden ist, und die meist harte Arbeit in Zechen, Stahlwerken oder bei der Müllabfuhr hat viele Menschen der ersten Einwanderergeneration dünnhäutig gemacht. Sie klammern sich an das inzwischen idealisierte Bild ihrer früheren Jahre und versuchen, mög-

lichst viel von dem, was ihnen in ihren Erinnerungen
einst lieb und teuer war und was ihnen Halt gegeben
hat, an ihre Kinder weiterzugeben. Wenn diese das Angebot nicht oder nur teilweise annehmen, empfinden
sie das als sehr schmerzlich. So wird bereits der leiseste
Widerspruch gelegentlich als Abwendung von der »Heimat« gewertet. Aus Angst, die geliebten Eltern zu »ver-
raten«, lassen viele alles hinter der Loyalität zur Eltern-
generation zurücktreten.

Autoritätshörigkeit steht nicht nur dem Einzelnen,
sondern ebenso der Gesellschaft im Weg, wenn es um
Konfliktlösungen und Fortschritt geht. Es ist nicht nötig, sich vom Wert der Ehrerbietung abzukehren. Ein
Anfang wäre die selbstkritische Reflexion, dann folgt
die Neubewertung von Respektspersonen. Nehmen wir
das Beispiel der islamischen Gelehrten. Sie haben nur
eine Beratungsfunktion, dennoch werden ihre Aussagen oft als Direktiven verstanden. Nach herrschender
Lehre im Islam bleibt man für sein Verhalten zuvorderst selbst verantwortlich – das muss auch für betre-
tenes Schweigen in einer Runde gelten, die gegen andere Menschen hetzt.

Eine starke Hierarchisierung zeigt sich in der muslimischen Community auch in der Stellung von Mann
und Frau, wohlhabend und arm etc. Argumente der
»Schwächeren« werden meist von vornherein »degra-
diert«. Aus der Sicht des Unterlegenen erübrigt sich
damit eine Diskussion über unterschiedliche Stand-
punkte.

Ein geflügeltes Wort besagt, dass eine Frau immer

doppelt so gut sein muss wie ein Mann. Verschiedene Studien belegen, dass an dieser Aussage etwas Wahres ist. Diese zusätzliche Herausforderung trifft im Grunde auch auf alle Angehörigen einer Minderheit oder als schwächer geltenden Gruppe in ihrem Verhältnis zur Mehrheit zu.

Eine Ursache dafür sind die klassischen Rollenbilder, aus denen die Betroffenen erst heraustreten müssen, um Erfolg haben zu können. Während muslimische Frauen meist auf ihre Funktion als Hausfrau und Mutter reduziert werden, müssen sich beispielsweise Einwanderergenerationen in Deutschland mit ihrem Image als Gastarbeiter(-kinder) auseinandersetzen, die gewöhnlich einfache Arbeiten ohne besonderen fachlichen Anspruch erledigen. Minderheiten und Schwächere werden zudem am ehesten mit weiteren Vorurteilen belegt. So stehen Angehörige dieser Gruppen stets vor zusätzlichen Hürden im Vergleich zu fachlich Gleichqualifizierten ohne entsprechende klischeehafte Zuschreibungen. Gesundheitspsychologische Forschungen dokumentieren, dass Migranten gegenüber der Mehrheitsbevölkerung deutlich mehr Stress ausgesetzt und anfälliger für Krankheiten sind. Migranten entwickeln mitunter allein aufgrund ihrer fremden Herkunft ein Unterlegenheitsgefühl. Der Psychologe und Migrationsforscher Haci-Halil Uslucan erklärt: »Dann kann eine Reaktion auf wahrgenommene Bedrohung der Identität in der Steigerung des Selbstwerts, in der positiven Bewertung der eigenen Gruppe liegen. In der Moschee wird dann die eigene Identität unter seinesgleichen bewahrt und bestärkt; in diesem Sinne kann eine praktizierte Religiosität auch als Schutz vor einer Identitätskrise gedeutet werden und hat eine positive Funktion für die Psychohygiene.«

Diese konstruierte Stärke wird nicht nur nach außen, sondern auch innerhalb der eigenen Gruppe demonstriert. Insbesondere gebildetere Schichten versuchen, dem Eindruck einer Unterlegenheit entgegenzutreten, indem sie möglichst keine Schwächen zugeben und sich stets als stark und intellektuell präsentieren. Offene Kritik stellt für dieses Bestreben nur ein Hindernis dar. Es entsteht eine Abwehr- und Verteidigungshaltung, die sich am effektivsten umsetzen lässt, wenn sich Einzelpersonen zusammentun. In meinem Buch *Muslimisch, weiblich, deutsch* habe ich das einmal in folgendem Bild beschrieben:

Die Muslime stehen stramm und diszipliniert in Reihen hintereinander, um möglichst stark und wie ein unüberwindbarer Block zu wirken. An vorderster Front befinden sich natürlich hauptsächlich Männer, die sich als gelehrt, gebildet verstehen und häufig Funktionsträger sind. Es kommt hin und wieder vor, dass einige Frauen sich in den ersten Reihen tummeln, doch die meisten stehen hinten – genauso diszipliniert, aber ein wenig bunter und lebhafter. Die Reihen gleichen in ihren Vorstellungen aufgestellten Dominosteinen. Fällt einer um, drohen gleich mehrere umzufallen. Also ist man darauf erpicht, möglichst stramm und gleichförmig eng nebeneinander auf der Stelle zu stehen, um aufeinander aufzupassen und um sich gegenseitig Halt und Schutz zu geben, damit niemand im wahrsten Sinne des Wortes wegen äußerer Widerstände »umfällt«. Währenddessen wird die Luft zum Atmen für jeden Einzelnen ziemlich dünn. Dabei gäbe es eine ganz einfache Lösung: Man rückt zwei Schritte voneinander ab, lässt jedem etwas mehr Entfaltungsspielraum, so richtet ein umfallender Dominostein keinen Schaden mehr an, und dennoch stehen alle in Reih und Glied. Doch stattdessen plagt sich die erste Reihe lieber ab. Am meisten zu kämpfen hat sie dort, wo Widerstand aus dem Inneren des muslimischen Blocks ausgeübt wird. Sie versucht mit allen Mitteln, Druck und Gegendruck von innen und außen aufzufangen. Sie will alle in Schach halten und weiterhin Schulter an Schulter Stärke demonstrieren. Statt über die Ursachen des Widerstands von innen nachzudenken und damit die Spannungen aufzulösen, wird nur das Symptom der auseinanderbrechenden Reihen bekämpft.

Nicht jeder aus dem Inneren des Blocks hat die Kraft oder ist bereit zum offenen Widerstand, wenn die Gruppe ihre Muskeln spielen lässt und Druck aufbaut: Entweder du kommst zurück, oder wir schließen die Lücke und du kommst gar nicht mehr hinein. In der Regel geht es so aus, dass Ausbrecher reumütig zurückschleichen und lieber im Block untertauchen. Am kollektiven Gefühl der Unterlegenheit ändert das Ausbremsen der inneren Dynamik gleichwohl seit Jahrzehnten nichts.

Diese muslimische »Blockbildung« in Deutschland ist auch dadurch schwer zu durchbrechen, dass sich

Anhänger traditioneller Auffassungen stets in der Mehrheit wähnen. Die vermeintlich gesicherte Mehrheit ist allerdings alles andere als sicher. Statistische Erhebungen dazu gibt es nicht, allenfalls empirische Annäherungen. Konservative Kräfte sind jedoch im innerdeutschen Islamdiskurs stark vertreten. Das liegt hauptsächlich an der hiesigen Organisationsstruktur des Islam. Alle vier großen Dachverbände DİTİB, Islamrat, VIKZ und der ZMD vertreten althergebrachte Islamauffassungen, die weniger Bezug zur Realität in Deutschland haben als zu der der Herkunftsländer ihrer Funktionäre beziehungsweise der Mehrheit ihrer Mitglieder. Diese Strukturen sind historisch gewachsen. Liberalere Strömungen im Islam beginnen sich erst jetzt langsam zu formieren. Nach wie vor werden überwiegend Vertreter der etablierten Verbände von Politik und Medien gehört. Dadurch entsteht der Eindruck, die Vorstellungen der Muslime in Deutschland deckten sich mit der Ausrichtung dieser Institutionen. Die Verbände vertreten aber nur einen Teil der Muslime in diesem Land, die meisten sind nämlich keine eingetragenen Mitglieder. Wer in Deutschland seinen Glauben in einer Gemeinschaft mit anderen aktiv leben will, kommt jedoch angesichts der Organisationsstrukturen und eines kaum vorhandenen Alternativangebots an diesen Verbänden nicht vorbei.

Menschen, die sich stark mit dem Islam identifizieren, neigen naturgemäß eher dazu, sich in Islamdiskurse einzubringen. Wer den Islam dagegen nur als eine Facette seines Daseins versteht, dem fehlen womöglich Interesse und Motivation. So kommt es, dass auch offene Gesprächsrunden oder öffentliche Plattformen wie soziale Netzwerke oder Diskussionsforen im Internet häufig von konservativen Stimmen dominiert werden.

Mit steigendem Selbstbewusstsein, wachsender Überzeugung und zunehmend besserer Vernetzung liberalerer Kräfte setzen zwar nach und nach Veränderungen ein, Andersdenkende im Islam finden bislang aber dennoch nur schleppend zueinander. Dadurch bleiben sie oftmals mit ihren Vorstellungen allein und werden von der Allgemeinheit weniger wahrgenommen. So sehen sie sich selbst einer vermeintlich überlegenen Mehrheit konservativer Kräfte gegenüber, ohne zu erkennen, dass dies nicht der schieren Zahl, sondern lediglich dem höheren Organisationsgrad geschuldet ist. Wer sich dennoch mit seinen liberaleren Haltungen einbringen will, hat es schwer. Die Frustrationsgefahr ist hoch. Wo man für klassische Einstellungen leicht Rückhalt und Zustimmung erfährt, spürt man mit seiner vermeintlichen Minderheitenmeinung viel Gegenwind. Wie die Psychologin Charlan Nemeth zeigt, bedeutet der Konflikt mit Mehrheiten starken Stress, wohingegen umgekehrt die Auseinandersetzung mit Minderheiten erheblich weniger belastend ist. Das entmutigt Vertreter anderer, weniger durchorganisierter Strömungen nicht nur, ihre konträren Positionen zu äußern, sondern um diesen Stress zu vermeiden, wird für gewöhnlich sogar die Mehrheitsmeinung einfach übernommen.

Bei innerfamiliären Konflikten ist die Leidensfähigkeit bei Muslimen in Deutschland häufig stark ausgeprägt. Muslime scheinen persönliche Nachteile oft in Kauf zu nehmen, ohne den Urhebern Paroli zu bieten. Dieses Verhalten kann extreme Formen annehmen. Im Fall des sogenannten Ehrenmords an einer 20-Jährigen aus dem nordrhein-westfälischen Rees stellte sich später heraus, dass die junge Frau bereits lange Zeit im Konflikt mit ihrer Familie lebte. Durch die Gewaltanwendung des Vaters erlitt sie sogar einmal einen Kieferbruch. Trotzdem kehrte sie nach einer Einquartierung in einem Frauenhaus wieder zur Familie zurück, was ihr schließlich zum Verhängnis wurde (*Frankfurter Rundschau*, 30.12.2009). In weniger drastischen Fällen erlebt man, dass junge Menschen selbst nach der Volljährigkeit erheblichen Druck und Einschränkungen der persönlichen Freiheit ertragen – etwa was die Freizeitgestaltung, die Berufswahl, den Umgang mit Personen außerhalb des Familienkreises oder die Verpflichtungen im Haushalt betrifft. Wo manche Beratungseinrichtungen bereits dringend die Emanzipation empfehlen, halten diese Menschen an den familiären Banden fest. Ein eindrückliches Beispiel liefert »Mariam01« (19 Jahre, halb Türkin, halb Libanesin), die im Forum islameurope.info einen Thread eröffnet hat und im Zuge der Diskussion Folgendes schreibt (19.11.2010, 18:23):

»Ich danke allen für die Ratschläge die ihr geschrieben habt …. Aber es hat einfach keinen Sinn ich kann mich niemals von meiner Familie lösen … das ist so als wenn jemand sagen würde reiss dir das Herz aus der

Brust und dann versuch mal weiter zuleben ... Es gibt
für mich keine Lösung auch wenn viele es nicht nachvollziehen können im Islam steht die Familie vor allem
die Mutter ganz weit oben ... ich bin ein einfach ein
Familien mensch und ich muss einfach auf mein glück
verzichten ... ich bring es nicht übers Herz meine Eltern zu enttäuschen, sie unglücklich zu machen oder
sie zu blamieren in dem ich abhaue oderso mit solchen
Schuldgefühlen könnte ich nicht Leben ... Das einzige
was ich weiß ist das ich immer mein Leben lang nur
diesen einen Mann lieben werde ... Ich bete jeden Tag
zu Gott das er mir mein Leben nimmt ... auch wenn das
nicht richtig ist aber dann muss ich das alles nicht
mehr ertragen und muss auch keine Schuldgefühle haben ...« (Originalzitat)

Für solche Formen von Treue – erst recht, wenn sie
bis zur Selbstaufgabe reicht – gibt es komplexe soziologische und psychologische Erklärungen, die hier
nicht näher ausgeführt werden können. Ich möchte lediglich auf eine kulturell bedingte Ursache hinweisen.
»Mariam01« hat sie mit dem Stichwort »die Eltern blamieren« angedeutet. Es handelt sich um eine Art »Sip-
penhaft«. Sie ist ein äußerst wirksames Instrument der
Disziplinierung. Wenn sich ein junger Mensch im öffentlichen Raum falsch im Sinne der in seinem familiären Umfeld geltenden Norm bewegt, trägt er die Konsequenzen dafür nicht allein. Dafür sorgt das Umfeld. Es
nimmt vor allem die Eltern in Mithaftung und drängt
sie dazu, sich mindestens bis zur Hochzeit ihrer Kinder
für deren Verhalten zu rechtfertigen. Möglicherweise

werden sie in der Folge gebrandmarkt, gemieden oder sogar geächtet. Insbesondere in der Fremde wäre das für viele schwer zu ertragen. Kommen bei den Eltern mangelnde Sprachkenntnisse und weitere Integrationsdefizite dazu, haben sie kaum Chancen, sich außerhalb ihres Umfelds gesellschaftlich neu zu orientieren.

Um die Angehörigen zu schützen, aber auch um selbst nicht unangenehm aufzufallen und aus seinem sozialen Umfeld ausgeschlossen zu werden, reagieren manche mit vorauseilendem Gehorsam und erlegen sich selbst Restriktionen auf. Ein selbstbewusstes Auftreten und kritische Haltungen (in der Bandbreite vom leichten Widerspruch bis zur völlig selbstbestimmten Lebensführung) werden vermieden. Was wären die möglichen Folgen »eigenwilligen« Verhaltens? Nur in Extremfällen kommt es tatsächlich zum »Ehrenmord«. Statistisch ist das die absolute Ausnahme. Auch ein völliger Bruch mit dem Familien- und Bekanntenkreis ist in der Realität ungewöhnlich. Das öffentliche und private Interesse an diesen Ausnahmefällen – das Gewöhnliche übt bekanntlich keinen Reiz aus – suggeriert eine Virulenz der Gefahren. Für Eltern ist es aber nicht einfacher, sich von ihren Kindern loszusagen, als umgekehrt. Zu erwarten sind daher »übliche« Familienstreits, die nur kurzfristig Konsequenzen nach sich ziehen.

Zudem büßt die soziale Kontrolle in Deutschland mehr und mehr ihre Wirkungsmacht ein, da die jüngeren Generationen – ungeachtet hysterischer Debatten über Integrationsverweigerung – immer weiter in die

Mehrheitsgesellschaft diffundieren. Die Abhängigkeit vom Migrantenmilieu nimmt seit einigen Jahren kontinuierlich ab. Deutschland bietet Menschen mit hinreichenden Sprachfähigkeiten und Kenntnissen der Gesellschaft hierfür genug Refugien.

Für ihre eigene Meinung einzustehen fällt manchen Muslimen vor allem dann schwer, wenn sie es mit Menschen zu tun haben, die sich besonders religiös, besonders fromm geben. Je strenger ein Gläubiger auftritt, desto mehr nimmt die innermuslimische Kritik an ihm ab, wie es mitunter scheint. So kann es zum Beispiel passieren, dass man in einer Freitagspredigt Dinge zu hören bekommt, die sowohl menschenfeindlich als auch unislamisch sind, dass ein Imam etwa zum Hass gegen andere Menschen aufruft. In fast allen Moscheen wird es genügend Widerspruch in den Köpfen der Zuhörer geben, dennoch wird in der Regel niemand aufstehen, um den Prediger zu korrigieren. Der Islamwissenschaftler und Autor Navid Kermani argumentiert angesichts der in Deutschland mit vorbereiteten Anschläge vom 11. September 2001 in den USA: »Das Beispiel der Hamburger Terrorzelle um Mohammed Atta hat aufgezeigt, wie viele Muslime die Augen schließen vor den Gefahren des Extremismus. Atta und seine Gruppe fanden offenbar ein Umfeld, in dem sie zwar nur von wenigen direkt unterstützt, aber doch weitgehend geduldet wurden. Sie galten dann eben doch als Brüder im Glauben, deren Verhältnis zur Gewalt man zwar nicht teilte, die man aber auch nicht an die deutschen Behörden auslieferte.«

In der Fachliteratur stößt man ebenfalls auf Hinweise, die von einer fragwürdigen Zurückhaltung gläubiger Muslime zeugen, selbst muslimische Funktionäre benennen das Problem. So beklagte der 2011 verstorbene Imam Hadayatullah Hübsch, dass viele »gewissen Predigern hinterherrennen, anstatt durchzudenken, was ihnen von der Kanzel herab verkündet wird«.

Wer ein zeitgemäßes Islamverständnis leben will, der hat innermuslimisch seine Ruhe, solange er es für sich tut. Wenn er es aber wagt, seine Stimme genauso wie die traditionellen, konservativen Kräfte in größerer Runde zu erheben, zieht er Missfallen auf sich. Wer offen Missstände unter Muslimen anspricht oder offen religiöse Auffassungen vertritt, die sich (vermeintlich) nicht mit dem klassischen Islamverständnis decken, wird nicht lang warten müssen, bis er von »besorgten Brüdern und Schwestern« angesprochen, zurechtgewiesen, geächtet oder angegriffen wird. Unter fundamentalistischen Kräften ist es ein gängiges Verhalten, jemanden für ungläubig zu erklären. Das muss nicht immer so extreme Ausmaße annehmen wie beim Takfirismus der Salafisten. Der Gebrauch des Begriffs *takfir* ist theologisch allerdings höchst umstritten. Im Alltag geht es natürlich in den seltensten Fällen um theologische Erwägungen. Vielmehr besteht das Ziel darin, inhaltliche Diskussionen abzuwehren beziehungsweise die Auseinandersetzung mit einer scheinbaren Legitimierung zu umgehen.

Die Unterstellung mangelnder Gläubigkeit hat neben der religiösen eine soziologische Komponente. Häufig wird sie mit dem Vorwurf mangelnder Solidarität und ab und an mit dem Verdacht des Verrats an Religion und Kultur verbunden. Das ist für viele Muslime ein vernichtendes Urteil, egal, von wem es kommt. Die Gründe dafür sind vielfältig.

Für Fundamentalisten und Konservative gehört ein aktives und nicht selten aggressives Auftreten in religiösen Belangen häufig zu ihrem Glaubensverständnis fest mit dazu. Wo liberalere Kräfte schweigen, ergreifen Fundamentalisten und Konservative gerne selbstbewusst das Wort. Ihr Duktus im Bemühen um die Verbreitung der eigenen Ansichten ist häufig bedrohlich, wenig empathisch. Im Hintergrund schwingt stets der erhobene Zeigefinger mit. »De jure« wird einem zwar gesagt, man habe die Möglichkeit, auszuwählen, ob man einer Auffassung folgen wolle oder nicht, und theologisch ist etwas anderes gar nicht möglich, da nur Gott weiß, ob ein Ratschlag richtig oder falsch ist; so heißt es am Ende von klassischen religiösen Texten stets: *Allahu a'lam* – »Gott weiß es am besten«. De facto aber wird einem keine Wahl gelassen. Zudem wird versucht, durch ständiges Zitieren von Koranversen und Hadithen den Eindruck islamischer Gelehrsamkeit und Authentizität zu vermitteln. Der Ton ist in der Regel getragen von einer dezidiert antiquierten muslimischen Sprache, die etwa nach der Nennung bestimmter Personen demonstrativ eine der zugehörigen Eulogien anführt.

Schon 1969 hielt der Theologe Adel Theodor Khoury fest: »Der Orientale liebt es, über Religion zu sprechen.«

Die Aussage hat ihre Aktualität bis heute beibehalten. Allerdings ist das Wissen über die Religion des Islam unter Muslimen in Deutschland nicht sonderlich verbreitet. Geist und Wesen der Religion, Entstehung und Entwicklung der Gebote sowie Inhalt und Verständnis der Heiligen Schriften sind so gut wie gar nicht vorhanden. Das Wissen beschränkt sich bestenfalls auf einzelne Fakten, auf zentrale Praktiken der Religionsausübung und bisweilen noch auf auswendig gelernte Interpretationen von Quellentexten. Im Bewusstsein um ihr mangelndes Wissen trauen sich manche nicht, in religiösen Belangen zu widersprechen, selbst wenn ihnen dies intuitiv geboten scheint.

Die Angst einfacher Muslime vor der »fachlichen« Unterlegenheit wissen gerade Islamisten, die sich um die Verbindlichkeit ihres Islamverständnisses als Grundlage für die Organisation einer Gesellschaft bemühen oder aus einem (ihrer Meinung nach gottgewollten) persönlichen Missionsbestreben heraus agieren, zu nutzen, indem sie ihr Islamverständnis besonders offensiv nach außen tragen. So versuchen sie, die Menschen weiter einzuschüchtern und dadurch empfänglicher für ihre Botschaften zu machen – wie auch das Beispiel des salafistischen Missionierungsversuchs auf Facebook im Anhang ganz gut zeigt.

Diese Strategien sind im Grunde einfach zu erkennen, dennoch hinterlassen sie Eindruck. Doch wenn jemand Koranverse, Hadithe oder Bruchstücke aus einzelnen Exegesewerken frei zitieren kann, sagt das allein noch gar nichts aus. Wer Dinge auswendig lernen kann, hat sie deshalb noch nicht intellektuell durchdrungen. Und in Debatten Koranverse mit anderen Koranversen vermeintlich konträren Inhalts zu beantworten, führt nicht weiter. Navid Kermani spricht hier passend vom »Surenpingpong«. Laien brauchen also keine Koranverse parat zu haben, um sich in eine Diskussion zu begeben. Im Zweifelsfall reicht der Hinweis, dass jedes Islamverständnis ein Produkt menschlicher und damit fehlbarer Interpretation ist.

In traditionellen Teilen der islamischen Gesellschaft gehört es zum guten Ton, dass man einander auf religiöse Verfehlungen aufmerksam macht. Junge Leute aus konservativgläubigen Familien wachsen quasi damit auf, dass ihnen gesagt wird, wie man sich islamisch »korrekt« zu verhalten hat. Nennenswerte Widerworte wird es in der Regel nicht geben, denn die Anmerkungen sind nicht als Aufforderung zur Diskussion zu verstehen. Das gilt umso mehr, je höher das Gegenüber in der familiären oder gesellschaftlichen Hierarchie anzusiedeln ist. Da jedoch niemand besserwisserische Ratschläge – erst recht nicht, wenn sie entgegen guter Sitte öffentlich gemacht werden – gerne hört, besteht im Grunde nur eine Möglichkeit, sich zu entziehen: keinen Anlass bieten und sich der im Umfeld geltenden Norm anpassen oder im Geheimen beziehungsweise hinter dem Rücken der Familie handeln. So werden die Konformität, die Loyalität und der Zusammenhalt einer Gruppe zumindest nach außen gewahrt.

Die Belehrung geht auf zwei theologische Prinzipien zurück. Zum einen auf die beiden arabischen Termini *naṣīḥa* und *nuṣḥ*, die »aufrichtiger Rat, Ermahnung« bedeuten. Gemeint ist damit nach der Islamwissenschaftlerin Roswitha Badry ein Hinweis, »welcher auf Eigeninitiative des Ratgebenden erteilt wird, und zwar per se in bester Intention. Naṣīḥa impliziert einen ehrlichen, gut gemeinten Rat zum Wohl der angesprochenen Person.« Er ist damit zunächst eine rein altruistische moralische Handlung, für die es allenfalls den Lohn Gottes oder ideellen Dank etwa durch die Anerkennung der Gesellschaft geben mag; man lässt eben niemanden bewusst in die Irre laufen, wenn man die Chance hat, ihn davor zu bewahren. Im Grunde ist *naṣīḥa* also eine gute Sache. Doch wann wird die Belehrung zur Belästigung?

Dass *naṣīḥa* immer wieder als Mittel zur sozialen Kontrolle missbraucht wird, liegt daran, dass es theologisch tief verwurzelt ist. *Naṣīḥa* geht auf die Propheten selbst zurück. In Koran 7/79 heißt es: »Sālih wandte sich von ihnen ab und sagte: ›Ihr Leute! Ich habe euch doch die Botschaft meines Herrn ausgerichtet und euch gut geraten [*nasahtu*]. Aber ihr liebt die nicht, die guten Rat geben [*al-nasihīn*].‹« (Paret) Sālih ist ein Gesandter Gottes, den die Bibel nicht kennt. Er sollte das Volk der Thamūd auf den rechten Weg führen. Als dieses den »guten Rat« ausschlug, schickte Gott ein Erdbeben, in dem alle ums Leben kamen. Auch der Prophet Schuʼayb legitimiert den guten Rat als von Gott inspiriert, wenn er ihn (mit exakt demselben Wortlaut) in Koran 7/93 ebenfalls mit seinem Auftrag, die Botschaft des Herrn zu verkünden, verknüpft.

Der religiös-moralische Bezug wurde im Laufe der

Zeit weiter gefestigt. Auf Muhammad soll das berühmte Diktum zurückgehen: ad-dīn naṣīḥa (»Glaube/Religion ist, einander guten Rat zu erteilen«), das in der Sammlung der 40 Hadithe des Rechtsgelehrten al-Nawawi (gest. 1277) übermittelt wird. Ahmad ibn Hanbal (gest. 855) führt an: »Dem Muslim obliegt nicht der gute Rat [nuṣḥ] gegenüber dem Dhimmi [Schutzbefohlener nicht islamischen Glaubens], sondern gegenüber dem Muslim.« Später spiegelt sich die Tradition der naṣīḥa in den Adab-Werken wider; das sind Schriften, die mithilfe von islamrechtlichen Beweisführungen das richtige Verhalten anmahnen wollten; vorwiegend waren sie an Herrscher und Staatsbedienstete gerichtet. In früheren Zeiten wurde naṣīḥa als Verpflichtung der Rechtsgelehrten gewertet, den Herrscher in religiösen Fragen zu beraten. Manche klassischen Gelehrten, wie der 1786 gestorbene Aḥmad al-Dardīr, messen der naṣīḥa sogar eine individuelle Verpflichtung bei, das heißt, jeder Muslim muss sich bemühen, Glaubensgeschwistern (immer) mit gutem Rat zur Seite zu stehen (al-Dardir, gest. 1786). Die meisten sehen allerdings nur eine grundsätzliche Verpflichtung. Das heißt, stellvertretend für andere muss sich irgendjemand um naṣīḥa kümmern. So hat es zum Beispiel der berühmte Ibn Taymiyya im 14. Jahrhundert gesehen.

An der Stelle, an der sich ein »guter Rat« aber auf religiöse Belange bezieht, wird er nach heutigem Kenntnisstand problematisch. Denn hier geht es letztlich darum, wie Gott höchstselbst ein bestimmtes Verhalten beurteilen würde. Wer aber kann sich sicher sein, was

Gott tatsächlich bestraft, durchgehen lässt oder gutheißt? In den meisten Fällen, also all jenen, die nicht eindeutig im Koran geregelt sind, ist der einzige Anhaltspunkt dafür die Auslegung religiöser Texte durch den Menschen. Ratschläge in religiösen Belangen transportieren somit zunächst einmal nur die Ansichten von fehlbaren Menschen. Damit aber können sie keinerlei Anspruch auf Allgemeingültigkeit erheben.

Folgender Eintrag von »Zainab« am 5. April 2011 im Weblog Meine kleine Welt mit Islam spiegelt die Denkweise mancher Konservativgläubiger wider: »Ich meine, es ist ja unsere Pflicht Nasiha zu geben. Es ist unsere Pflicht, das Gute zu gebieten und das Schlechte zu verbieten. Aber wenn man das macht und man wird von dieser Schwester dann so angesehen, als würde man übertreiben etc. Was macht man mit dieser Schwester? Sollte man ihr dann lieber aus dem Weg gehen? Oder es weiter versuchen? Und wenn es nicht mehr mit Worten, sondern mit Taten ist? Was denkt ihr?« (meine-welt-mit-islam.blogspot.com; abger. 21.5. 2011) Bemerkenswert ist die Verunsicherung, die bei »Zainab« ausgelöst wird, wenn sie als Reaktion auf ihre Ratschläge Zurückweisungen erfährt.

Eng verbunden mit der *naṣīḥa* ist das zweite religiösmoralische Prinzip des *al-amr bi-l-ma'rūf wa-n-nahy 'an al-munkar*. Danach sollen Gläubige gebieten, was recht ist, und verbieten, was verwerflich ist. Diese Forderung geht unmittelbar auf den Koran zurück, wo sich die exakten Wort in Sure 3/110 wiederfinden: »Ihr (Gläubigen) seid die beste Gemeinschaft, die unter den Menschen entstanden ist. Ihr gebietet, was recht ist, verbietet, was verwerflich ist, und glaubt an Gott.« (Paret) Weitere Stellen, wo das Gleiche gesagt wird, sind 9/71: »Die gläubigen Männer und die gläubigen Frauen sind einander Freunde und Beschützer. Sie gebieten, was rechtens ist, und verbieten, was Unrecht ist« (9/112 oder 22/41). Über dieses Prinzip wurden ähnliche Diskussionen wie bei der naṣīḥa geführt. Aus der Sicht von Ibn Ruschd (gest. 1198) ist es jedem Einzelnen auferlegt, nach der Überzeugung von Abū Ḥāmid al-Ghazālī (gest. 1111) ist der Aufforderung Genüge getan, wenn einer der Gemeinde diese Aufgabe übernimmt. Mit dem Aufbau eines staatlich-administrativen Tätigkeitsbereichs, genannt ḥisba, für das eigens das Amt des muḥtasib geschaffen wurde, einer Art Staatsanwalt der »guten Sitten«, setzte sich letztere Vorstellung von der Art der Pflicht durch (al-Māwardī, gest. 1058). Zu den Aufgaben solcher Einrichtungen gehörten in erster Linie die Aufsicht über den Handelsbetrieb auf Märkten, der muḥtasib achtete aber ebenso darauf, dass zum Beispiel jeder am Freitagsgebet teilnahm (al-Māwardī, ebd.).

Doch was ist mit dem »Rechten/Guten« gemeint? Der arabische Begriff al-ma'rūf heißt wortwörtlich so viel wie »das Bekannte/das Anerkannte«. In der klassischen Theologie wurde dies häufig so verstanden, dass die unter Gelehrten konsensfähigen Inhalte zu vermitteln seien. Wie aber lässt sich eine Konsensfähigkeit eindeutig klären? Zwischen wem muss der Konsens bestehen: zwischen allen Gelehrten oder zwischen allen Muslimen? Nimmt man nur die Gelehrten, fragt man sich:

zwischen allen lebenden, allen bereits gestorbenen, allen bis zu einem bestimmten Zeitpunkt gestorbenen, allen jemals auf der Welt existenten Gelehrten? Und wer ist überhaupt ein Gelehrter und wer nicht? Diese Unklarheiten in religiösen Angelegenheiten öffnen der Willkür Tür und Tor. Angesichts dessen wurde und wird natürlich auch das Prinzip des *al-amr bi-l-ma'rūf* in Abkehr von seiner ursprünglichen Bestimmung immer wieder missbraucht, um eigene Ziele zu verfolgen und Abweichler von herrschenden Dogmen zu bedrängen. Am deutlichsten spiegelt sich der Missbrauch allerdings in den modernen Nachfolgeorganisationen des *muḥtasib* wider: der Religions- beziehungsweise Ordnungs- und Sittenpolizei. Sie sind besonders unter fundamentalistischen Regimes wie in Saudi-Arabien oder in Afghanistan unter den Taliban aktiv. Nach wie vor operieren sie explizit unter der Bezeichnung *al-amr bi-l-ma'rūf* und überwachen ebenfalls die Einhaltung des Freitagsgebets oder der Bekleidungsvorschriften, des Alkoholverbots etc. Ein bekanntes Beispiel für den Missbrauch des Amts der *ḥisba* trug sich Mitte der Neunzigerjahre in Ägypten zu. Der Literaturwissenschaftler Nasr Hamid Abu Zaid sollte auf Antrag von einem religiösen Gericht zwangsweise von seiner Ehefrau geschieden werden. Gegner hatten wegen seines Koranverständnisses *takfīr* betrieben, ihm also einen Abfall vom Islam unterstellt.

Für die meisten Muslime gibt es heute keine institutionalisierte Verankerung des *al-amr bi-l-ma'rūf*, die Mentalität dahinter ist jedoch durchaus verbreitet.

Selbst in der Kairoer Erklärung der Menschenrechte im Islam von der Organisation der Islamischen Konferenz von 1990 ist in Artikel 22 festgehalten: »Jeder Mensch hat das Recht, in Einklang mit den Normen der Scharia für das Recht einzutreten, das Gute zu verfechten und vor dem Unrecht und dem Bösen zu warnen.«

Es gab allerdings auch immer Gelehrte, die in dem Prinzip keine Pflicht sahen. So wird schon in frühen Jahren von Hasan al-Baṣrī (gest. 728) oder Abdallāh Ibn Schubruma (gest. 761) überliefert, dass sie *al-amr bi-l-ma'rūf* für *nāfila* hielten – also einen freiwilligen, über das geforderte Maß hinausgehenden Akt (vgl. a. al-Khallāl, gest. 923). Auch innerhalb der strengen islamischen Strömung der Ibaditen, die heute größtenteils im Oman verbreitet ist, weisen Gelehrte darauf hin, dass sie eine universelle Verpflichtung nicht zu erkennen vermögen. Muhammad Ibn Mahbūb (gest. 873) etwa führt dazu die Argumentation an: Wenn *al-amr bi-l-ma'rūf* eine universelle Pflicht wäre, müsste sie auch für Frauen gelten. Frauen könnten einer solchen Pflicht aber lediglich mit dem Herzen nachkommen, aber gewiss nicht mit der Zunge (u. a. Ibn al-Hawārī, gest. 892), da sie in der Öffentlichkeit und erst recht vor Männern zu schweigen hätten.

In beiden Prinzipien, *naṣīḥa* wie *al-amr bi-l-ma'rūf*, spiegelt sich eine große Sorge unter Muslimen wider, nämlich die vor der *fitna* (»Glaubensspaltung« oder »Glaubensabfall«). Hierbei handelt es sich um ein altes islamisches Motiv, das die Muslime schon seit Jahrhunderten antreibt, insbesondere seit der Konfrontation mit dem europäischen Imperialismus. Befürchtet wird zum einen rein machtpolitisch, dass die Spaltung zur Schwächung der *umma* beiträgt, und zum anderen auf der spirituellen Ebene, dass die sich abspaltende Gruppe für das Paradies verloren geht. Wer heute ohne politische Ambitionen seinen Glaubensgeschwistern fromme Ratschläge erteilt, fühlt sich häufig dazu berufen, die vermeintliche Einheit der *umma* zu verteidigen und damit auch seine eigene Stellung vor Gott zu verbessern. Denn der Koran selbst fordert die Gläubigen etwa in 3/103 auf:»Haltet alle fest an der Verbindung zu Gott und entzweit euch nicht.« Verbreitet ist auch die Vorstellung, die auf folgendem bekannten Hadith beruht:»Die Juden haben sich in 71 Gruppen gespalten, eine davon ist im Paradies und 70 davon sind im Höllenfeuer. Die Christen haben sich in 72 Gruppen gespalten, 71 Gruppen davon sind im Höllenfeuer und eine Gruppe ist im Paradies. Bei dem, in dessen Hand die Seele Muhammads ist, meine Gemeinde wird sich in 73 Gruppen spalten, eine Gruppe wird ins Paradies kommen, die anderen 72 ins Höllenfeuer« (Sunan Ibn Mādschah, Hadith Nr. 3992). Auch der große Rechtsgelehrte al-Schāfiī (gest. 820) trägt mit zu der Popularität dieser Haltung bei. Er führt den Hadith an:»Wer mitten im Paradies wohnen will, sollte sich eng an die Gemeinschaft halten, denn der Teufel ist mit den Einzelgängern und hält sich schon fern, wo zwei beieinander sind.« Erläuternd fährt er in seinem *kitāb al-umm* fort: »Wer vertritt, was die muslimische Gemeinschaft vertritt, hält sich eng an die Gemeinschaft, und wer von dem abweicht, was die muslimische Gemeinschaft vertritt, weicht von der Gemeinschaft ab, an die sich zu halten ihm befohlen ist. Aus Trennung entsteht Irrtum. In der Gemeinschaft kann es keinen allgemeinen Irrtum geben im Hinblick auf die Bedeutung des Buches Gottes, des Allmächtigen, der Sunna oder des Analogieschlusses, so Gott will.« Aber auch hier ist zu fragen: Wie findet man eigentlich heraus, was die muslimische Gemeinschaft vertritt?

Die Bemühungen, Spaltungen im Islam zu vermeiden oder zu verhindern, blieben von Anfang an – vom Schisma der Kharidschiten, Sunniten und Schiiten bis heute – dauerhaft ohne Erfolg. Im Gegensatz zur verbreiteten Vorstellung hat sich die islamische Religion in ihrer Geschichte geradezu dadurch ausgezeichnet, dass sie verschiedene Überzeugungen nebeneinander duldete. Man denke allein an die verschiedenen Rechtsschulen: Nach wie vor herrscht weitgehend Einigkeit, dass sich Muslime nicht nur Rat bei der eigenen, sondern auch bei den anderen Rechtsschulen holen dürfen. Die Eiferer selbst, die heute stets auf Konformität drängen, zementieren die Spaltungen, die sie eigentlich verhindern wollen, indem sie nur noch eine – ihre Meinung – zur legitimen erklären. Da sie sich von Gott persönlich zur Kontrolle der Glaubensgeschwister beauftragt fühlen und sich über kurz oder lang im Besitz der absoluten Wahrheit wähnen, ist es in der Regel unmöglich, einen Gedankenaustausch mit ihnen zu führen. Sie gleiten immer tiefer in sektiererisches Verhalten ab.

Das folgende Beispiel stammt von der salafistischen Internetseite islam-info-service.de (abger. 21.5.2011): »[D]ieser Artikel ist ein gut gemeinter Ratschlag an alle Schwestern. Eine Nasiha für alle Schwestern die Allah und seinen Gesandten (sal Allahu alaihi wa sallaam) lieben. Ich rate jeder Schwester, unabhängig davon wie sie sich kleidet, dies in Ruhe durch zu lesen. Und wir sollten wissen, dass es für uns alle Pflicht ist das Basis Wissen des Islam zu lernen. Auch wenn die Eine, oder andere Schwester noch schwach sein sollte, so sollte sie aufrichtig Du'a [Bittgebete] zu Allah dem Erhabenen machen, und versuchen Schritt für Schritt den Islam besser zu praktizieren. Wir alle sollten die Wahrheit, auch bei Schwäche, im Herzen akzeptieren, und nicht verleugnen.« (Originalzitat) Und am Ende heißt es: »Wenn eine muslimische Frau ehrlich zu sich selbst ist, die islamischen Quellen gelesen hat und nicht ihren Gelüsten folgt, muss sie sich eingestehen, dass der Hijab Pflicht im Islam ist und sie Verantwortung trägt, diese Pflicht zu erfüllen.« (Originalzitat)

Die hier beschriebenen sozialen und theologischen Aspekte stellen Faktoren dar, die einem muslimischen Selbstbewusstsein im Weg stehen, aber sie lassen sich mit der Zeit überwinden – vor allem durch professionellen Islamunterricht an staatlichen Schulen, in dem Wissen und kritisches Denken gefördert wird, durch an hiesigen Universitäten gut ausgebildete Imame, die der modernen Gesellschaft in Deutschland gerecht werden und die die Religionsvermittlung in den Moscheegemeinden modifizieren, oder durch bessere Vernetzung liberalerer Kräfte. Es ist für jeden Muslim möglich, die alten sozialen und theologischen Strukturen zu hinterfragen. Gläubige müssen erkennen, dass die islamische Theologie hochkomplex ist und jedem, der sich mit ihr befasst, durchaus eine enorme Eigenverantwortung und eigenständiges Denken abverlangt. Wer sich mit ihr ernsthaft beschäftigt, wird sie auch in ihrer Pluralität begreifen lernen. Das erleichtert es ihm wiederum, sich selbst innerhalb des Islam in der Strömung wiederzufinden, die seiner ganz persönlichen, selbst gewählten Ausrichtung entspricht, diese selbstbewusst nach allen Seiten zu vertreten und Kritik an extremistischen Auswüchsen zuzulassen.

Plädoyer für mehr innerislamische Auseinandersetzung

Es gibt erste Anzeichen dafür, dass sich der innermuslimische Austausch allmählich zu verändern beginnt. So ist inzwischen auch in der muslimischen Community in Deutschland der Gedanke angekommen, dass es sowohl liberale als auch konservative und fundamentalistische Strömungen im Islam gibt. Das war zwar schon immer historisch unzweifelhaft so, dennoch herrschte unter den Muslimen in Deutschland lange Zeit die Vorstellung, es gebe nur einen richtigen Islam – allerdings ging dabei jeder davon aus, dass der Islam, so wie er ihn selbst versteht, der richtige sei und alle Gläubigen ebenso dächten und glaubten. Jeder Muslim sei vor Gott gleich, heißt es, also müssten auch alle das gleiche Religionsverständnis haben. Diese Vorstellung ist auch dem beschriebenen theologischen Religionsverständnis geschuldet, wonach es nur eine große weltweite Gemeinde gibt: die *umma*. Das geht auf Aussagen des Propheten Muhammad zurück. Er hat zudem gesagt, dass es Gruppen von Muslimen geben werde, die irregeleitet sein würden. Freilich hat der Prophet nicht gesagt, welche Muslime im Laufe der vielen Jahrhunderte konkret irregeleitet werden und woran genau man das erkennen kann. Kein Mensch kann es also wissen, auch wenn manche gern so tun.

Unter den deutschen Muslimen liegt die Vorstellung der Einigkeit wohl auch daran, dass sie kaum je miteinander über Glaube und Theologie gesprochen haben, sondern nach ihrer nationalen Herkunft nebeneinanderher gelebt oder allenfalls gemeinsam für ihre Grundrechte gegenüber der Mehrheitsgesellschaft gestritten haben. Es gab lange überhaupt keine theologische Wissenschaft in Deutschland, sie befindet sich auch jetzt erst noch im Aufbau. Die einzige theologische Bindung bestand – wenn überhaupt – zu den islamischen Glaubensschulen und -traditionen in den Herkunftsländern der ersten Einwanderergenerationen. Natürlich ist das auch heute noch zu beobachten. Doch das ist eine Frage der Zeit. Noch werden die Moscheen und die Religion vor allem von den ersten Einwanderergenerationen getragen, doch je mehr diese von ihren in Deutschland geborenen und aufgewachsenen Söhnen, Töchtern und Enkeln abgelöst werden, desto stärker verändert sich auch der Zugang zur Religion. Ein deutliches Signal dafür: Die Jugend möchte zunehmend in deutscher Sprache über ihre Religion sprechen.

Noch im Jahr 2010 gab es einen Riesenaufschrei unter Deutschlands Muslimen, als ich mit Mitstreitern den Liberal-Islamischen Bund (LIB e.V.) gründete. Damals gab es eine sehr heftige Auseinandersetzung darüber, ob Religiosität durch vermeintlich rein politische Attribute zu definieren ist. Kann man liberal und Muslim sein? So lautete häufig die Frage. Viele wissen nicht, dass die Begriffe »liberal« oder »konservativ« auch im religiösen Kontext seit Langem verwendet werden. Man denke hierbei an das liberale Judentum oder die liberale Theologie der Protestanten im frühen 19. Jahrhundert. Ferner wurde dem LIB vorgeworfen, wir würden die Religion verwässern. »Bin mal gespannt, wie man ›liberal‹ betet und fastet!« So wurde gegen uns polemisiert. Aber uns geht es nicht um den Ritus, sondern um das Verständnis der islamischen Quellen und der Religionsgeschichte, um gesellschaftliche Implikationen, um Deutsch als Sprache der Verständigung, um die Anwendung moderner religionspädagogischer Methoden, um die Schärfung des menschlichen Verstandes, um die moderne Gesellschaft mit ihren naturwissenschaftlichen und philosophischen Errungenschaften als Basis für einen Glauben etc. An dieser Stelle möchte ich betonen, dass auch liberalgläubige Muslime die fünf Säulen des Islam nicht infrage stellen. Aber aus ihrer Sicht müssen wichtige theologische Fragen beantwortet werden:

Was hat Gott im Koran gesagt und möglicherweise gemeint? Lässt sich das Gesagte eins zu eins in die heutige Zeit übertragen? Wenn nein, wie lässt sich das Gesagte oder das Gemeinte in die heutige Zeit übertragen? All das sind Fragen, die eine liberale Theologie stärker berücksichtigt als andere.

Auch unter konservativ geprägten Muslimen gibt es unterschiedliche Nuancen. Auch Konservativgläubige pflegen nicht alle den gleichen Konservatismus. Im Grunde genommen, ist es religionsgeschichtlich nichts Außergewöhnliches, dass sich auch Menschen innerhalb einer Denk- und Glaubensrichtung nicht in allen Punkten einig sind. Seit der Frühzeit des Islam streitet man sich darüber, was genau Gott mit seinen Äußerungen wie gemeint haben könnte. Dieser Streit oder Disput zieht sich durch die gesamte islamische Geschichte. Islamische Theologie nennt man im Arabischen nicht umsonst *kalâm* – und das heißt »Gespräch, Worte, Rede« etc.

2011 sorgte ein Gastbeitrag von mir für die *Süddeutsche Zeitung* unter dem Titel »Muslimisch, jung, konservativ« für weitere heftige innermuslimische Debatten. In dem Artikel ging es darum, bestimmte junge Muslime anzusprechen, die ein Problem damit haben, dass das islamische Spektrum auch liberale Strömungen kennt. Natürlich war dieser Beitrag auch kontrovers – er sollte ja aufrütteln. Ich hatte im Streit über die LIB-Gründung eine junge, aufstrebende muslimische Bildungsschicht ausgemacht, die ich als konservativ wahrnahm, mit religiös sehr unbeweglichen Positionen. Zudem fiel mir auf, dass es sich dabei vor allem um Menschen handelte, die zwar starkes Interesse an der Religion hatten, akademisch aber in ganz anderen Bereichen als der islamischen Theologie gebildet waren. Ich hielt ihnen vor, dass ihrem konservativen Denken eine inhaltliche Fundierung fehle und sie sich in erster Linie darauf konzentrierten, zu definieren, was sie nicht sein wollten. Der Artikel war dazu gedacht, die Debatten voranzubringen und den konservativgläubigen Muslimen einen Anstoß zu geben, ihre Vorstellungen theologisch im Kontext der heutigen Zeit zu untermauern. Doch an dieser Vorgehensweise störten sich die muslimischen, jungen, konservativen Deutschen. Ihrer Meinung nach spalteten der LIB und ich die *umma* – da war sie wieder, die historische »Urangst« der Muslime – und versähen jede Gruppe mit einem »Label«. Dabei beschrieben wir nur etwas, was längst vorhanden war. Das, was für andere Religionsgemeinschaften völlig normal ist, stellte für den Islam in Deutschland eine Neuheit dar. Dass man ein islamisches Spektrum benennt oder aufteilt in zum Beispiel säkular, liberal, konservativ, fundamentalistisch, ist für die meisten Muslime in diesem Land offenkundig neu gewesen. Einige Jahre nachdem diese Dinge so klar angesprochen worden sind, ist zumindest die Wortwahl für die unterschiedlichen Ausrichtungen im Islam ein Stück weit salonfähig geworden. Durch die Etablierungsbemühungen eines liberalen Islam ist es zum ersten Mal in der modernen Geschichte dieser Religion in Deutschland gelungen, einen zeitgemäßen, wissenschaftlich orientierten Zugang zu islamischen Quellen öffentlich wahrnehmbar zu artikulieren.

An inhaltlichen Auseinandersetzungen mit den von mir vertretenen liberalen Ansätzen – und seien sie auch noch so scharf geführt – wäre im Übrigen nichts zu bemängeln gewesen. Was mich persönlich an der innermuslimischen Kritik gestört hat, war die Tatsache, dass sich viele Angriffe gegen meine Person richteten. Als Gründungsvorsitzende stand ich zwar zwangsläufig im Mittelpunkt, und spätestens seit dem von Rabeya Müller und mir erarbeiteten und 2008 erstmals erschienenen *Koran* für Kinder und Erwachsene, der sich an modernen religionspädagogischen Überlegungen orientiert, bin ich es im Grunde gewohnt, einem permanenten Sperrfeuer der Kritik ausgesetzt zu sein. Aber diese Reaktionen auf die LIB-Gründung und den *SZ*-Artikel waren für mich trotzdem nochmal besonders heftig, weil ich nicht damit gerechnet hatte, selbst aus akademisch gebildeten Kreisen persönlich so massiv angegriffen zu werden. Offensichtlich ist es ein Reflex, den Absender einer Aussage zu kritisieren, wenn man mit den Inhalten nicht mehr weiterkommt. Inzwischen habe ich mich notgedrungen auch damit halbwegs abgefunden. Ich möchte aber nicht verschweigen, dass mich der eine oder andere Kommentar mehr schmerzt, als er eigentlich sollte.

Die Angriffe zielen häufig auf mein Geschlecht. Man ruft mir zu: »Zieh dir erst mal ein Kopftuch über, bevor du es wagst, über den Islam zu sprechen!« Oder: »Geh doch dahin, wo du hingehörst: an den Herd.«

Oder: »Du hast bestimmt keinen Mann, wenn du genug Zeit hast, solche Dinge zu machen.« Oder: »Die kann keine Kinder haben, sonst würde sie Positionen zum Thema Homosexualität und Transgender im Islam so nicht vertreten.« (Ich plädiere für das Prinzip »Leben und leben lassen«. Und dazu gehört auch, dass ich mit dem LIB den theologischen Standpunkt vertrete, dass Homosexualität und Transgender mit der Religion vereinbar sind.) Ansonsten hieß es vonseiten meiner Kritiker schlicht: Ich hätte keine Ahnung von Religion, denn ich hätte schließlich nur in Deutschland studiert – nicht in einem islamischen Land. Wahrscheinlich sei ich nicht mal richtige Muslimin. Ich würde einen »Islam light« vertreten. Mein Islam sei beliebig auslegbar etc.

Etwas lauter taten sich dabei zwar muslimische Männer hervor, aber die gerne beschworene Geschlechtersolidarität kann ich in diesem Fall nicht unbedingt bestätigen. Es scheint, als witterte man hinter meiner Person eine große Verschwörung: Mal bezeichnet man mich als türkeifeindlich, dann bin ich zu israelfreundlich und solidarisiere mich zu wenig mit Arabern – oder es irritiert mein klares Bekenntnis zum Deutschsein.

Inzwischen werden meine Positionen zunehmend auch von muslimischen Männern vertreten – von Universitätsprofessoren wie von Imamen. Und auch Professor Mouhanad Khorchide aus Münster zum Beispiel musste nach Erscheinen seines Buches *Islam ist Barmherzigkeit* einiges über sich ergehen lassen. Er zeigt sich in dem Buch offen und menschenfreundlich. Für einige wohl zu offen und menschenfreundlich. So wurde lautstark die Frage diskutiert, ob man ihm nicht die Lehrerlaubnis entziehen könne. Ein ganzes Gutachten wurde vonseiten der Verbände in Auftrag gegeben, um seine Haltung zu diskreditieren. Ich hätte mir die gleiche Energie und ein ähnlich umfangreiches »theologisches« Gutachten in Bezug auf die hiesigen Bestrebungen des politischen Salafismus gewünscht.

Auch der Penzberger Imam Benjamin Idriz wurde von vielen dafür angegangen, dass er sich gezielt für die Rechte von muslimischen Frauen eingesetzt hat. Aber auch wenn sich diese beiden heftige Kritik von »Brüdern und Schwestern« anhören und so manche Tiefschläge wegstecken mussten, blieben ihnen dennoch viele Anfeindungen erspart, weil sie auf Männer schlicht nicht anwendbar sind.

Neben allen Anfeindungen habe ich unter Muslimen allerdings auch unzählige männliche und weibliche Unterstützer gefunden, die mir öffentlich den Rücken stärken, die mich in Diskussionen verteidigen, die mir Briefe und Mails schreiben, in denen sie mir ihr Herz ausschütten und in denen sie sich bei mir bedanken, weil ich ihnen als Muslimen in dieser Gesellschaft Kraft gebe. Und genau das gibt mir letztlich auch immer wieder neuen Antrieb, trotz der Widrigkeiten weiterzumachen.

Der innermuslimische Streit dreht sich aber nicht nur um Inhalte, sondern auch um schnöde Machtfragen. Die Muslime sollten sich organisieren, heißt es von staatlicher Seite. Der Islam in Deutschland müsse zu einer Institution mit kirchenähnlichen Strukturen werden, um ähnliche Rechte zu erlangen. Dazu gehöre auch eine gewisse Repräsentanz von Muslimen. Letzteres ist zwar richtig, aber deshalb müssen es nicht zwangsläufig kirchenähnliche Strukturen sein. Der Islam kennt keine Kirche. Das wird sich auch nie ändern. Die etablierten Islamverbände haben sich trotzdem darauf eingelassen, den Forderungen des deutschen Staates nachzukommen, und 2007 einen Koordinationsrat der Muslime (KRM) als Dachorganisation gebildet. Dem KRM gehören die Türkisch-Islamische Union der Anstalt für Religion (DİTİB), der Islamrat für die Bundesrepublik Deutschland (IRD), der Zentralrat der Muslime in Deutschland (ZMD) und der Verband der Islamischen Kulturzentren (VIKZ) an. Ehemalige Kulturvereine wurden zu islamischen Vereinen, und in der veränderten Struktur bildete sich eher eine traditionelle, konservative Herangehensweise an Religion heraus. Dabei sind die Muslime in Deutschland sicherlich in der Überzahl in einem breiten religiösen Spektrum zwischen liberal und konservativ anzusiedeln. Die Grenzen sind dabei fließend. Und es ist nicht geklärt, wie viel Prozent der Muslime sich tatsächlich von den vier großen etablierten islamischen Dachorganisationen vertreten fühlen. Hier variieren die Zahlen sehr stark. Die im Juni 2009 vom Bundesamt für Migration und Flüchtlinge vorgestellte Studie »Muslimisches Leben in Deutschland« stellt fest, dass nur etwa 20 Prozent der Muslime in religiösen Vereinen und Gemeinden organisiert sind.

Die Verbände geben vor, den Großteil aller Moscheegemeinden zu vertreten, rechnen die dortigen Besu-
cherzahlen auf rund 70 Prozent aller Muslime in
Deutschland hoch und geben vor, diese auch ohne Mit-
gliedschaft in ihren Verbänden zu vertreten. Als LIB-
Vorsitzende kann ich nur klipp und klar sagen: Reprä-
sentativ sind die KRM-Verbände in keinem Fall. Und es
ist ein großer Fehler, dass der deutsche Staat sich offiziell nur noch an den KRM wendet und so tut, als sei damit die Glaubensgemeinschaft der Muslime in Deutschland angesprochen.

Selbstverständlich müssen sich Muslime in gewisser
Form, um beispielsweise ein islamisches Begräbnis in
Deutschland oder den Bau von Moscheen zu ermöglichen, um islamischen Religionsunterricht erteilen zu
können oder Zutritt zu den Schaltstellen von Politik
und Gesellschaft zu erlangen, organisieren – so wie es
unser Grundgesetz vorsieht. Wie jede Gemeinschaft,
die sich etablierten Strukturen erst anpassen muss, ist
das mit Konflikten und Konkurrenzsituationen verbunden: Wer ist am Ende der Hauptansprechpartner für
den Staat? Wer erhält den Status als Körperschaft des
öffentlichen Rechts? Wer profitiert von einer Islam-
steuer, die irgendwann vielleicht einmal vom Staat erhoben wird wie die Kirchensteuer? Wer entscheidet
über inhaltliche Fragen im Islam? Bei solchen Fragen
will jeder ganz vorn stehen – das sieht man an den an-
dauernden Streitigkeiten im KRM.

Dadurch, dass der Islam keine umfassende hierarchi-
sche Struktur kennt, es somit kein religiöses Oberhaupt

gibt, bietet sich die Möglichkeit, zu ein und demselben Sachverhalt ganz unterschiedliche Positionen zu vertreten. Das ist einerseits eine große Chance, denn es gibt allen Gläubigen grundsätzlich die Freiheit, eigenverantwortlich in religiösen Belangen für sich zu entscheiden. Andererseits ist es eine große Herausforderung, diese offenen Strukturen in den nötigen Pragmatismus eines Staatswesens einzugliedern. Aber nur weil es schwierig ist, darf sich die Politik nicht vorschnell auf vermeintlich einfache Lösungen einlassen.

Die innerislamische Diskussion oder das innerislamische Gespräch lässt sich aus meiner Sicht nur fördern, wenn alle beteiligten Seiten bemüht sind, Diskussionen auf einer sachlichen Ebene zu führen.

Leider fehlt es in der Öffentlichkeit an ausreichend muslimischen Intellektuellen und Denkern, die Impulse geben könnten. Die wenigen wie etwa Navid Kermani halten sich trotz diverser Veröffentlichungen und Statements weitgehend zurück, weil sie sich selbst vermutlich nicht im Islamdiskurs verorten wollen. Das ist zu respektieren und zu verstehen. Es ist ein mühsames Unterfangen, und wir stehen erst am Anfang.

Vielleicht sorgt im Laufe der Zeit, über die Generationen hinweg, der Bildungsaufstieg von Muslimen in Deutschland für eine Öffnung auch innerhalb der Theologie. Denn tendenziell verläuft der akademische Aufstieg so, dass die Kinder der Arbeitergeneration vor allem in die Brotberufe Medizin, Jura, Wirtschaft streben, und sich erst die Kinder und Kindeskinder von

Akademikern verstärkt anderen Fächern zuwenden wie Philosophie, Geschichte oder eben Theologie.

Letztlich haben wir noch nicht einmal eine islamische Religionspädagogik der Moderne. Wir wissen bis heute nicht, wie man das Fasten im Monat Ramadan für Kinder in einer Minderheitensituation pädagogisch sinnvoll und dennoch für die Minderheit als identitätsstiftend vermitteln soll. Wir wissen noch nicht einmal, ob wir in Deutschland im Sommer bis 22/23 Uhr fasten sollen, während in der Ursprungsregion des Islam das Fasten jeden Tag schon um 18/19 Uhr gebrochen werden kann. Außer den Geboten, die man üblicherweise von den Eltern anerzogen bekommt, haben wir noch keine befriedigende pädagogische Herangehensweise an die Glaubenspraxis für hier lebende, deutsche Muslime entwickeln können. Demzufolge dominiert in den Köpfen der Muslime weiter ein Wirrwarr aus traditionellen Vorstellungen der jeweiligen Einwanderergenerationen und religiösen Ideen, die im Hier und Jetzt keiner theologisch begründen kann. Hier ist noch sehr viel theologische Vorarbeit zu leisten. Das Wichtigste, das wir dafür brauchen, ist Zeit. Und dabei reden wir von Jahrzehnten. Ich denke, die islamische Community in Deutschland ist noch viel zu sehr besetzt von ihrem problematischen Verhältnis zur Mehrheitsgesellschaft, als dass sie sich wirklich ernsthaft mit den Herausforderungen im Inneren auseinandersetzen könnte. Ein Anfang ist zumindest gemacht.

Die Erkenntnis und die allgemeine Akzeptanz der Tatsache, dass Pluralismus im Islam angelegt ist, wird mit Sicherheit auf Dauer die Toleranzfähigkeit der Muslime stärken. Die Hoffnung jedoch, man könne durch einen liberalen Islam den Salafismus und andere starrköpfige Haltungen komplett aus der Welt schaffen, wäre naiv. Der liberale Islam tritt nicht in erster Linie an, um eine Randerscheinung innerhalb der Religion zu bekämpfen. Er ist in der gesamten Geschichte des Islam fest verankert und somit originärer Teil der Religion. Der liberale Islam kann aber sehr wohl dazu beitragen, Menschen eine religiöse Heimat zu geben, die sie bisher nicht gefunden haben, und sie dadurch in ihrer Identität und Persönlichkeit festigen. Das Gleiche können konservative Strömungen anderer Muslimen bieten. Nur gemeinsam haben wir Fundamentalisten etwas entgegenzusetzen. Deshalb muss der Dialog der innerislamischen Mitte geführt werden. So können wir dafür sorgen, die extremistischen Ränder unseres Islamspektrums, gewaltbereite Fundamentalisten oder in muslimische Familien hineingeborene Islamfeinde, zu »marginalisieren« und möglichst wenig junge Menschen dorthin abrutschen zu lassen.

8
Schlussbemerkung

In den letzten Wochen brannten leer stehende Flüchtlingsheime in Nürnberg, randalierten Rechtsradikale in deutschen Städten wie Köln und Hannover, immer wieder kam es zu Übergriffen auf Moscheen (auch wenn darüber nicht so ausführlich in unseren Medien berichtet wird) – wir müssen aufpassen in Deutschland. Die Stimmung ist höchst angespannt. Auf allen Seiten.

Es mögen nicht alle Nazis und Rechtsextreme sein, die sich bei Pegida, HoGeSa und ähnlichen Gruppierungen einreihen. Tatsächlich machen manche vielleicht aus echter Angst dort mit. Und ehrliche Ängste muss man in der Tat ernst nehmen. Es geht aber zuallererst um die Frage, wie man mit dieser Angst umgeht. Sich Extremisten anzuschließen ist immer der falsche Weg. Es sind erwachsene Menschen, mündige Bürger, die mit diesen Gruppen auf die Straße gehen. Sie müssen sich bewusst sein, dass sie menschenfeindliche Ideen unterstützen, wenn sie Seite an Seite mit Rechtsextremisten demonstrieren. Für Angst bringe ich Verständnis auf. Für das Kompensieren dieser Angst durch ein unreflektiertes Anschließen an extremistische Gruppen nicht.

Unser Innenminister Thomas de Maizière hatte recht, als er jüngst sagte, schon der Name »Patriotische Europäer gegen die Islamisierung des Abendlandes« sei eine Unverschämtheit. Dass er nur Tage später ein gewisses Maß an Verständnis für Pegida zum Ausdruck brachte, könnte wiederum ein Indiz für die Ratlosigkeit der Politik sein, die zwischen Forderungen nach klarer Zurückweisung dieser Proteste und Anbiederung aus Angst um Wählerstimmen hin- und herpendelt. Nur eine klare Positionierung mag die Gesellschaft gegen diese Gruppierung stärken. Pegida ist nicht »patriotisch«, Pegida ist schlicht fremdenfeindlich. Und ich kann nur davor warnen, mit parteipolitisch motivierten Manövern öffentliches Verständnis für diese Bewegung zu heucheln. Die Ängste der Bevölkerung ernst nehmen – ja, richtig. Verständnis für Teilnehmer solcher Demonstrationen aufbringen – nein! Wer tatsächlich ein ernsthaftes Anliegen im Hinblick auf die Flüchtlingspolitik und Fragen des Islam in Deutschland hat, der muss sich von dieser Bewegung lösen und seine Anliegen anderweitig vortragen.

Verständnisbekundungen für Pegida tragen mit dazu bei, die Islamfeindlichkeit weiter in die Mitte der Gesellschaft zu tragen. Verständnis zu zeigen, suggeriert nämlich, dass Pegida durchaus ein berechtigtes

Anliegen hat, das lediglich auf falsche Art und Weise vorgetragen wird. Alle Daten und Fakten sprechen aber dafür, dass die von Pegida angesprochenen Probleme allenfalls punktuell und in einzelnen Regionen vorhanden sind, aber gewiss keine bundesdeutschen Entwicklungen widerspiegeln. »Islam« wird hier vor allem als eine Chiffre missbraucht. Eine Chiffre für den alten Schlachtruf: »Ausländer raus!« Glaubt wirklich jemand, dass die Anführer von Pegida und HoGeSa für die Rechte von Schwulen und Lesben, Menschen mit Behinderung, Obdachlosen oder von deutschen Juden eintreten würden? Die dort zur Schau gestellte Menschenfeindlichkeit macht vor keiner Minderheit halt und hat mit den Werten des Grundgesetzes nichts zu tun.

Es muss uns allen klar sein, wie weitreichend die Folgen dieser gefährlichen Propaganda sind, denn: Diese anti-islamischen Bewegungen sind zugleich Wasser auf die Mühlen von Salafisten und Islamisten. Mehr als 10 000 Pegida-Anhänger spielen ihnen in die Hände.

Wir müssen den Salafismus bekämpfen. Er ist Gift für die Gesellschaft. Diese Aufforderung geht an uns alle – auch an uns Muslime. Niemand von uns sollte sich dem falschen Glauben hingeben, die Salafisten seien für Muslime weniger gefährlich. Oder wir befänden uns gar in einer gemeinsamen Opfergemeinschaft. Nein, im Gegenteil: Sie zerstören unsere Familien. Hetzen Kinder gegen ihre Eltern auf, treiben die Ausgrenzungstendenzen gegenüber uns in unserer eigenen deutschen Gesellschaft weiter an. Und letztlich sind wir alle in ihren Augen so lange irregeleitet, wie wir uns ihnen nicht bedingungslos anschließen. Wenn wir den Frieden in der Gesellschaft bewahren wollen, dann müssen wir uns salafistischen und islamfeindlichen Tendenzen gleichsam und gemeinsam entgegenstellen. Salafismus und Islamhass sind zwei Seiten einer Medaille.

Als am 7. Januar 2015 die Meldung um den entsetzlichen Terroranschlag auf die Redaktion des französischen Satire-Magazins *Charlie Hebdo* um die Welt ging, bekam ich nur wenig später die erste E-Mail mit dem Hinweis: »Sehen Sie, wohin Ihre ›Religion des Friedens‹ uns bringt?«

Keine Zeit des Innehaltens, keine Zeit des Gedenkens an die Getöteten und deren Angehörigen, unter denen übrigens ein muslimischer Polizist und ein muslimischer Karikaturist sind. Nur wenige Minuten war die Meldung alt, da wurden die Terroropfer bereits zur Rechtfertigung des Hasses auf den Islam missbraucht.

Terror macht vor niemandem Halt. Terror fragt nicht, bevor er Leben zerstört. Auch wenn zum Zeitpunkt des Entstehens dieser Zeilen die Hintergründe der Tat noch nicht restlos aufgeklärt sind: Der Anschlag ist ein *worst case* im Bedrohungsszenario der gewaltbereiten fundamentalistischen Islamisten. Beide Hauptverdächtigen haben sich – nach Stand der Dinge – ähnlich wie in diesem Buch beschrieben, radikalisiert: Sie haben sich im Ausland militärisch ausbilden lassen und haben dann zugeschlagen.

Die Terroristen haben ein sensibles Anschlagsziel gewählt. Eine Zeitungsredaktion steht für Meinungsfreiheit, Pressefreiheit, Demokratie, Pluralismus – die zentralen Werte unserer europäischen Gesellschaft. Die Terroristen haben uns alle mit diesem Gewaltakt ins Mark getroffen.

Es war ein immens wichtiges Signal, dass islamische Organisationen in Frankreich, in Deutschland und anderswo, dass die Arabische Liga und selbst die iranische Regierung, das Attentat unmittelbar und eindeutig verurteilt haben. Doch Verurteilen allein reicht nicht. Nur – was tun? Die Muslime können das Problem nicht allein lösen, so viel ist klar. Islamfeindlichkeit braucht keine realen Muslime. Es wäre absurd zu glauben, wir bräuchten nur das Bild von uns Muslimen zu verändern und dann würde die Islamfeindlichkeit verschwinden. Gesellschaftliche Probleme gehen immer auch die *gesamte* Gesellschaft an. Und jeder Einzelne muss sich dieser, seiner Probleme annehmen.

Ich möchte nun einen Appell gezielt an alle Muslime richten: Wir müssen etwas unternehmen! Wir dürfen nicht länger zusehen, wie Menschen, die sich auf unsere Religion berufen, andere töten und den Hass auf unsere Religion weiter steigern. Und damit uns allen das Leben in dieser freien Gesellschaft erschweren. Gerade für uns, in unserer Minderheiten-Situation, ist Meinungsfreiheit ein zentrales Gut. Dieser Anschlag hat unsere ureigenen Interessen getroffen. Wir können dabei nicht nur zusehen, wir müssen aufstehen. Wir Muslime müssen diesen Extremisten, die unseren Glauben für ihre schrecklichen Taten benutzen, endlich Grenzen setzen: im Alltag, auf Facebook, in der Moschee – überall, wo wir auf sie treffen, müssen wir ihnen zeigen, dass wir sie und ihre gewaltbereiten, menschenverachtenden Haltungen ablehnen. Wir müssen diesen Leuten unsere Religion, die uns so wichtig ist, aus den Händen reißen. Keine Ausflüchte, keine Relativierung, keine Entschuldigungen – wir müssen die Fanatiker stoppen.

Anhang

Ein Missionierungsgespräch im Internet

23:10

warum hast du jetzt dieses Thema Jihad angesprochen?

23:11

Weil es zur Heutigen Zeit mit Hijra auch dazuge-
hört

23:12

warum machst du dann nicht Hijra?

23:12

Eine Frau darf nicht unverheiratet reisen bzw
sie darf schon jedoch nur »einen Tag und eine
Nacht« das sind ungefähr 80 – 100 km die man
zurücklegen darf Ich habe schon mit Scheichs
gesprochen
Aber natürlich ich habe es vor inshaaAllah

23:13

und was willst du dann dort machen?

23:13

Die Ummah vergrößern

23:13

bzw. warum sagtest du das ich mit dir nach Syrien oder Afghanistan gehen soll?

23:14

Weil es Pflicht für jeden Muslim ist

23:14

ja aber warum mit mir?

23:14

Es wurde dazu aufgerufen
Weil du Muslim bist???

23:14

wer hat dazu aufgerufen?
ISIS?

23:16

Unsere Khalifen

23:16

welche Kalifen?
Es gibt keinen Khalifa

23:16

Doch

23:16

wen
nenne mir einen
der heute lebt
und der es befohlen hat

23:18

Wallahi wenn du das Leid nicht siehst

23:21

du magst zwar nicht blind sein im Bezug auf
das was in diesen Ländern passiert aber ich
merke das du von diesen Pseudo »Sheikhs«
gehirngewaschen bist.

23:27

Astagfurullah
Die wissen denke ich mal mehr als jemand der
keine Islamische Theologie studiert hat

23:28

Die Wissen denke ich genauso gut das man keine Unschuldigen Zivilisten umbringt oder einfach nur mordet aber trotzdem rufen sie dazu auf und nennen es dann »jihad«
Ihr Jihad ist kein Jihad
Es ist Mord und der Prophet (a. s. s.) sagte schon vor 1400 Jahren das Gelehrte kommen werden die Verwirrung stifften werden und zu den schlimmsten Kreaturen gehören werden
Sie werden den Koran rezitieren doch die Ayat werden nichtmal ihre Kehlen erreichen

23:31

Und damit sind die Nusra gemeint

23:32

nein damit sind eben diese Sheikhs gemeint die zu einem Pseudo Jihad aufrufen indem sogar Frauen und Kinder getötet werden

23:33

Unschuldige... Dawla tötet keine Kinder oder Ältere oder Schwangere
Sind Kuffar unschuldig?

23:33

Wenn sie dir nichts tun dann sind es unschuldige

23:34

Nein!!!!
Wie kannst du sowas sagen?
Das ist Egoistisch und zeigt wie wenig Gottes-
furcht du hast!

23:34

wer ist Dawla
Was ist das für eine Organisation

23:35

Die, die du IS nennst!

23:35

Nein mit denen will ich nichts zu tun haben
das sind Mörder und nichts weiter
Niemand der wirklich Muslim ist wird sich
denen anschließen, denn sie haben nichts mit
dem Islam zu tun

23:36

Möge Allah mir und dir vergeben und mich und
dich vor Augendienerei bewahren

23:36

Das sind diejenigen mit den Schwarzen Fahnen
vor dem unser Prophet Muhammad (a.s.s.) gewarnt hat

23:37

Shhht

23:38

Es ist so. Sie sind diejenigen wenn man zu ihnen sagt das sie kein Unheil auf der Erde anrichten sollen sich trotzig verhalten und behaupten das sie Heilstifter sind.

23:39

Ich sage dir Mahdi seine Ankunft steht kurz bevor

23:39

seine Ankunft wird dann kommen wenn Allah es so will
und nicht wann IS oder Dawla es will
sry wenn ich dich jetzt lösche aber ich will nichts mit denen zu tun haben noch mit denjenigen die sich zu ihrem Mord-Jihad bekennen
Wasalam

23:45

Du bist so geblendet
Subanallah

23:46

Nein ich sehe richtig und Dawla wird niemals durchkommen

23:46

Wir werden sehen
One day one flag
Und es wird die schahada mit dem siegel sein
InshaaAllah

23:57

ich habe mich für den Weg der Mitte entschieden
Du bist auf dem Weg der Extreme
und der Prophet (a. s. s.) sagte das wir nicht übertreiben sollen
sondern den Weg der Mitte gehen sollen
Diejenigen die Übertreiben werden mit dem Glauben überfordert sein
und sie werden geblendet sein und nicht wissen was sie tun
diejenigen die Frieden finden im Islam sind diejenigen deren Herzen weich sind und die genau wissen was Richtig und was Falsch ist
Unschuldige zu töten ist Falsch, und ISIS oder Dawla tötet unschuldige
und Mordet

00:00

Wir sehen uns Jumaada al-Aahki wieder

00:08

belästige mich nie wieder

Glossar

al-amr bi-l-ma'rūf wa-n-nahy ʿan al-munkar: religiös-moralisches Prinzip, nach dem Gläubige gebieten sollen, was recht ist, und verbieten sollen, was verwerflich ist. Unter dem Begriff *al-amr bi-l-ma'rūf* operiert auch die Religions- bzw. Ordnungs- und Sittenpolizei (zum Beispiel in Saudi-Arabien), die die Einhaltung des Freitagsgebets, der Bekleidungsvorschriften oder des Alkoholverbots etc. überwacht und besonders unter fundamentalistischen Regimes wie in Saudi-Arabien oder in Afghanistan unter den Taliban aktiv ist.

Allāhu akbar: »Gott ist größer [als alles]«

Allāhu a'lam: »Gott weiß es am besten«

allā Allāhu allay-hi wa-sallam: »Gott segne ihn und spende ihm Heil«

almancılar: »Deutschländer«; Menschen mit türkischem Familienhintergrund, die in Deutschland geboren und aufgewachsen sind.

bid'a: »Neuerung«; wird von den fundamentalistischen Strömungen im Islam im Sinne von »Verfälschung« der Religion gebraucht.

dār al-'ahd (wörtl. Haus des Vertrags): Gebiete, in denen rechtliche Absprachen zwischen Muslimen und Nichtmuslimen getroffen wurden.

dār al-harb (wörtl. Haus des Kriegs): klassisch-islamisches Konzept; Gebiete, in denen Muslime nicht die Herrschaft ausüben (Gegensatz dazu ist dār al-islām) und in der Regel auch nicht die Bevölkerungsmehrheit stellen; diese Gebiete dürfen bekämpft werden.

dār al-islām (Haus des Islams): klassisch-islamisches Konzept; Gebiete, in denen Nicht-Muslime herrschen, mit denen die Muslimen aber vertragliche Bestimmung zum Zusammenleben eingegangen sind; diese Gebiete dürfen für die Dauer des Vertrags nicht angegriffen werden.

dschihād: Kriege gegen das Gebiet des Krieges *(dār al-harb)*

dschihād al-akbar: Der »größere« Dschihad; die Bemühung, täglich eine Art Selbstüberwindung und -läuterung durchzuführen.

dschihād al-asghar: Der »kleinere« Dschihad; bezieht sich weitestgehend auf Verteidigungskämpfe, aber auch Eroberungskämpfe.

dschihad al-nikah: Umstrittene Vorstellung muslimischer Frauen in fundamentalistischen Kontexten, die sich gezielt in eine Ehe meist mit einem Dschihadisten begeben, um die vermeintliche »Sache Gottes« durch das Zeugen von Kindern weiter voranzutreiben.

Dschihadisten: Menschen, die einen bewaffneten Kampf für die Religion des Islam führen.

fitna: Glaubensspaltung oder Glaubensabfall

ḥarām: Der Begriff kennzeichnet, dass Handlungen oder Dinge, für Muslime verboten sind.

ḥisba: »Religions- bzw. Sittenpolizei«; staatlich-administrativer Tätigkeitsbereich, der die Einhaltung der »guten Sitten« überwacht; gab es in klassisch-islamischer Zeit und gibt es auch noch in der Gegenwart.

in schā Allah: »So Gott will«

kalâm: arabischer Begriff für die Islamische Theologie; bedeutet Gespräch, Worte, Rede etc.

kāfir (Plural *kuffār*) oder *kufr:* Die Begriffe werden heute gemeinhin mit Ungläubiger *(kāfir)* beziehungsweise Unglaube *(kufr)* übersetzt.

Lā ilāha illā llāh wa-Muhammad rasūl Allah: »Es gibt keinen Gott außer Gott, und Muhammad ist sein Gesandter«; das islamische Glaubensbekenntnis.

mā schā Allah: »O, was Gott [prächtiges] erschaffen hat«/»O wie schön«

mudschāhid: Kämpfer für die Sache Gottes, stirbt er den Märtyrertod, wird er als *schahīd* bezeichnet.

muhtasib: Inhaber des *hisba*-Amtes, Marktaufseher; eine Art Staatsanwalt der »guten Sitten«

nāfila: freiwillige Gebete, die über das geforderte Maß hinausgehen.

nasīha: ein gut gemeinter, aufrichtiger Rat an einen anderen, zum Wohl der angesprochenen Person.

Salafist: Der Begriff entstammt dem arabischen Ausdruck »*as-salaf as sālik*«, zu Deutsch: »die frommen Altvorderen«.

Salafismus: Der religiöse Salafismus ist eine Strömung innerhalb des Islam, er gehört zum sunnitischen Islam und ist ein Teil des fundamentalistischen Spektrums, er lässt sich in drei Gruppierungen unterteilen:
• puristische Salafisten: eine unpolitische Strömung, Anhänger leben ihre religiösen Vorstellungen privat aus.

- politische Salafisten: wollen gezielt die Gesellschaft und den Staat, in dem sie leben, durch Missionierung nach ihren Vorstellungen verändern.
- dschihadistische Salafisten: wollen die Gesellschaft unter ausdrücklicher Einbeziehung von Gewaltanwendung verändern.

sallā Allāhn ...: »Gott segne ...«

Scharia: das islamische Recht, die religiöse Pflichtenlehre des Islam (der Begriff ist abgeleitet aus dem Verb »den Weg weisen« bzw. »vorschreiben«)

subhān Allah: »Gepriesen sei Gott«

takfīr: jemanden zum *kāfir,* »Ungläubigen«, erklären; Begriff aus der islamischen Theologie

umma: islamische Weltgemeinschaft, weltweite Gemeinschaft aller Muslime

Kontaktadressen, Beratungs- und Anlaufstellen

»Beratungsstelle Radikalisierung« am
Bundesamt für Migration und Flüchtlinge (BAMF)
Frankenstraße 210, 90461 Nürnberg
Telefon: 0911/943 43 43
beratung@bamf.bund.de
www.bamf.de

»Wegweiser« beim Ministerium für Inneres und
Kommunales
Haroldstraße 5, 40213 Düsseldorf
Telefon: 02 11/8 71 27 28
info@wegweiser.nrw.de
www.wegweiser.nrw.de

»Beratungsnetzwerk für Toleranz und Miteinander«
bei der IFAK e.V.
Engelsburger Straße 168, 44793 Bochum
Telefon: 02 34/68 72 66 64 oder mobil: 01 78/4 68 45 70
beratungsnetzwerk@ifak-bochum.de
www.ifak-bochum.de

»Beratungsstelle Radikalisierung« beim
Violence Prevention Network e.V.
Alt-Moabit 73, 10555 Berlin
Telefon: 030/91 70 54 64
post@violence-prevention-network.de
www.violence-prevention-network.de

»Beratungsstelle HAYAT«
Telefon: 030/23 40 84 64
info@hayat-deutschland.de
www.exit-deutschland.de

250

»Beratungsnetzwerk kitab« beim VAJA e.V.
Telefon: 01 57/38 16 52 06 oder 01 57/38 16 52 02
kitab@vaja-bremen.de
www.vaja-bremen.de

»beRATen« – Niedersächsische Präventionsstelle gegen
neo-salafistische Radikalisierung
Telefon: 05 11/70 05 20 40

Österreich

»Beratungsstelle Extremismus« beim
Bundesministerium für Familien und Jugend (bmfj)
Franz-Josefs-Kai 51, 1010 Wien
Telefon: 08 00/20 20 44
office@beratungsstelleextremismus.at
www.bmfj.gv.at

Schweiz

Relinfo – Evangelische Informationsstelle Kirchen –
Sekten – Religionen
Wettsteinweg 9, 8630 Rüti ZH
Telefon: 055/2 60 30 80 oder: 078/8 40 24 06
info@relinfo.ch
www.relinfo.ch

infoSekta – Fachstelle für Sektenfragen
Streulistrasse 28, 8032 Zürich
Telefon: 044/4 54 80 80
info@infosekta.ch
www.infosekta.ch

Wir haben alle dieselben Rechte!

Ayaan Hirsi Ali
Ich klage an
Für die Freiheit der muslimischen Frauen, Erweiterte Neuausgabe

Aus dem Niederländischen von
Anna Berger und Jonathan Krämer
Piper Taschenbuch, 256 Seiten
€ 9,95 [D], € 10,30 [A], sFr 14,90*
ISBN 978-3-492-26393-1

Sie weiß, dass ihr Kampf lebensgefährlich ist, aber sie gibt nicht auf. Ayaan Hirsi Alis Engagement gilt dem Schicksal der muslimischen Frauen, und sie ruft diese dazu auf, die Fesseln der unterdrückerischen Tradition abzustreifen, damit sie endlich selbst bestimmen können, wie sie leben wollen. Die Texte dieses Buches brechen Tabus, verändern unseren Blick und zeigen, wie notwendig Ayaan Hirsi Alis Kampf für die unterdrückten islamischen Frauen ist.

Leseproben, E-Books und mehr unter www.piper.de

Wir sind besser als wir glauben

Michael Schmidt-Salomon
Hoffnung Mensch
Eine bessere Welt ist möglich
Piper, 368 Seiten
€ 19,99 [D], € 20,60 [A], sFr 28,90*
ISBN 978-3-492-05608-3

Ist der Mensch tatsächlich nur ein »fataler Irrläufer der Natur«, um den es nicht schade wäre, würde er von der Erde verschwinden? Nein, sagt Philosoph und Bestsellerautor Michael Schmidt-Salomon: Denn die biologische und kulturelle Entwicklung unserer Spezies zeigt, dass wir das Potenzial haben, immer besser, immer »humaner« zu werden. Ein beeindruckendes, augenöffnendes Plädoyer für den Glauben an die Menschheit.

Leseproben, E-Books und mehr unter www.piper.de